Andreas Obenauer
Silke Obenauer

KU spirituell

Andreas Obenauer
Silke Obenauer

KU spirituell

Hintergrundinformationen, Unterrichtsentwürfe und Materialien zu den Themen Gottesdienst, Taufe und Abendmahl

Fromm Verlag

Impressum/Imprint (nur für Deutschland/ only for Germany)
Bibliografische Information der Deutschen Nationalbibliothek: Die Deutsche Nationalbibliothek verzeichnet diese Publikation in der Deutschen Nationalbibliografie; detaillierte bibliografische Daten sind im Internet über http://dnb.d-nb.de abrufbar.

Coverbild: www.ingimage.com

Contact:
International Book Market Service Ltd., 17 Rue Meldrum, Beau Bassin, 1713-01 Mauritius
Website: www.bookmarketservice.com
Email: info@bookmarketservice.com

Gedruckt in: USA, UK, Deutschland. Dieses Buch wurde nicht in Mauritius produziert.

Imprint (only for USA, GB)
Bibliographic information published by the Deutsche Nationalbibliothek: The Deutsche Nationalbibliothek lists this publication in the Deutsche Nationalbibliografie; detailed bibliographic data are available in the Internet at http://dnb.d-nb.de.

Cover image: www.ingimage.com

Contact:
International Book Market Service Ltd., 17 Rue Meldrum, Beau Bassin, 1713-01 Mauritius
Website: www.bookmarketservice.com
Email: info@bookmarketservice.com

Printed in: U.S.A., U.K., Germany. This book was not produced in Mauritius.

ISBN: 978-3-8416-0257-2

Inhaltsverzeichnis

Einleitung: Konfirmandenunterricht – ein Lernort für Spiritualität

Die Rahmenbedingungen für den Konfirmandenunterricht haben sich in den vergangenen Jahrzehnten radikal verändert.
Konnte man bis vor wenigen Jahrzehnten noch fast selbstverständlich davon ausgehen, dass Jugendliche Kenntnisse der christlichen Tradition mitbringen, wenn sie in den Konfirmandenunterricht kommen, so ist das heute nicht mehr der Fall. Dies betrifft zum einen das *Wissen über die christliche Religion*. Zum andern, und das ist wohl deutlich gravierender, kann man bei den Jugendlichen in der Regel keine Erfahrungen mehr mit *religiöser Praxis* voraussetzen. Die meisten Konfirmandinnen und Konfirmanden feiern die Feste des Kirchenjahres (außer Weihnachten) in ihren Familien nicht mehr aktiv. Sie haben in der Regel auch keine oder nur wenig Erfahrungen mit Gebet, christlichem Liedgut, persönlichem Bibellesen, Segen/Gesegnet-Werden oder ähnlichen Formen gelebter Frömmigkeit.
Dies alles führt dazu, dass viele Jugendliche als „Heiden" in den Konfirmandenunterricht kommen – als Menschen, die bislang in ihrem Leben keine bewussten Erfahrungen mit der Wirklichkeit Gottes gemacht haben.
Der Konfirmandenunterricht muss (wie auch der Religionsunterricht) auf diese veränderten Rahmenbedingungen reagieren. Er tut dies, indem er die gelebte Religion selbst zum Thema macht. Hierzu sind unter dem Stichwort „performativer Religions- bzw. Konfirmandenunterricht" in den vergangenen Jahren zahlreiche Veröffentlichungen erschienen.

Die hier vorliegenden Unterrichtseinheiten zu den Themen Gottesdienst, Taufe und Abendmahl stehen in dieser Tradition performativer Religionsdidaktik. Sie wollen den Jugendlichen die Möglichkeit geben, sich probeweise auf religiöse Vollzüge einzulassen und die damit gemachten Erfahrungen zu reflektieren. Sie informieren nicht in erster Linie *über* Gottesdienst, Taufe und Abendmahl, sondern sie *nehmen* die Konfirmandinnen und Konfirmanden in diese elementaren Vollzüge des christlichen Glaubens *mit hinein*. So wird nicht abstrakt und lebensfern über Themen gesprochen, deren existenziellen Sinn die Jugendlichen nicht erkennen können. Vielmehr erleben die Jugendlichen selbst mit allen Sinnen, warum Gottesdienst, Taufe und Abendmahl für Christinnen und Christen bedeutsam sind und was diese Themen auch mit ihrem Leben und ihrer Lebenswirklichkeit zu tun haben.

Die vorliegenden Unterrichtseinheiten sind alle nach demselben Schema aufgebaut: Auf die Schilderung einer Praxiserfahrung folgt eine kurze theologisch-didaktische Einführung. Anschließend wird der Unterrichtsvorschlag Schritt für Schritt ausführlich dargestellt, bevor unsere Erfahrungen aus der Durchführung der Einheit dargelegt werden. Eine Materialsammlung beschließt jeweils das Kapitel.

Die dargestellten Unterrichtseinheiten wurden von uns mehrfach mit verschiedenen Konfirmandengruppen erprobt. Wir bedanken uns bei den Konfirmandinnen und Konfirmanden in Graben-Neudorf, Rußheim und Inzlingen, die sich auf diese spezielle Art von Konfirmandenunterricht eingelassen haben und uns Rückmeldungen gegeben haben. Ebenso danken wir den haupt- und ehrenamtlich in der Konfirmandenarbeit tätigen Mitarbeiterinnen und Mitarbeitern, die mit uns bei Seminaren und Workshops sowie bei konkreten Unterrichtsplanungen im Vorbereitungsteam über unsere Unterrichtsvorschläge diskutiert haben. All diese

Rückmeldungen haben dazu beigetragen, die vorliegenden Unterrichtsbausteine zu entwickeln.

Inzlingen, im Advent 2011

Andreas Obenauer und Silke Obenauer

1 „Muss man da kommen...??"

Jugendliche und Gottesdienst – Wege aus einer Beziehungs-Krise

1.1 Konfis und Gottesdienst – eine schwierige Beziehung

Sven ist ein aufmerksamer und interessierter Konfirmand. Er kommt nicht aus einem christlich geprägten Elternhaus, aber er interessiert sich für die Themen, die wir besprechen. Er kann sich gut in Menschen, Situationen und Probleme einfühlen und hat ein Gespür für religiöse Fragen. In der Stunde vor Weihnachten ist er mit der gestellten Aufgabe bereits fertig, während andere noch schreiben. Da fragt er beiläufig: „Warum muss ich am Sonntagmorgen eigentlich immer kommen? Da langweil' ich mich jedes Mal!"
Ich antworte ihm, was man auf eine solche Frage als kirchlicher Mitarbeiter eben so antwortet: „Im Gottesdienst trifft sich die ganze Gemeinde, wir richten uns auf Gott aus, das ist der wichtigste Teil unseres Gemeindelebens, jeder Konfirmand muss das kennen lernen..." Aber schon beim Reden merke ich, dass die Antwort bei Sven nicht ankommt. Man muss nur in sein Gesicht schauen um zu begreifen: Er versteht nicht, was ich ihm sagen will. Weit, viel zu weit sind meine Gedanken von seinem Leben entfernt. Theologisch alles richtig – aber wie gelangt die korrekte Theologie in das Herz eines Konfirmanden? Die Hindernisse dazwischen scheinen unüberwindlich...

Sven ist kein Einzelfall. Wann immer wir mit Konfirmandinnen und Konfirmanden über das Thema „Gottesdienst" sprechen – jedes Mal zeigt sich dasselbe Ergebnis: Der traditionelle Sonntagsgottesdienst wird von den meisten als langweilig und belanglos empfunden. Dass es sich dabei keineswegs nur um ein Problem *unserer* Gemeinden handelt, zeigen empirische Untersuchungen überdeutlich:[1] Konfirmanden im Sonntagsgottesdienst – das ist ein grundsätzliches Problem, unabhängig von den jeweiligen Verhältnissen vor Ort. Orgelmusik und Predigt wecken besonders heftige Aversionen. Aber auch die übrigen Teile des Gottesdienstes vermögen Konfirmanden nicht zu faszinieren. So bleiben von Seiten der Jugendlichen nur die Fragen: „*Wie oft* muss man kommen?" und „*Warum* muss man überhaupt kommen?"

Woher kommt die starke Abneigung von Jugendlichen gegenüber dem traditionellen Gottesdienst? Wo genau liegt das Problem? Wenn man nicht die alten Klischees von den gelangweilten Jugendlichen bemühen will, die sich nur des Geldes wegen konfirmieren lassen, wenn man stattdessen versucht, mit den Konfirmandinnen und Konfirmanden ins Gespräch zu kommen, dann lassen sich Antworten erahnen. Der Hauptkritikpunkt von Jugendlichen lautet: „Der Gottesdienst ist langweilig."[2] Langeweile empfindet ein Mensch, wenn er das Gefühl hat: Was hier geschieht, betrifft mich nicht. Und genau hier liegt wohl die Hauptschwierigkeit: Jugendliche werden von dem, was im traditionellen Gottesdienst geschieht, nicht getroffen, nicht angesprochen. In ihren Augen ist das, was am Sonntagmorgen in der Kirche abläuft, ein Film aus einer anderen Welt. Kyrie, Gloria, Schriftlesung, Predigt, Fürbitten, Segen – die einzelnen Teile des Gottesdienstes laufen vor ihren Augen ab, ohne dass sie eine Möglichkeit finden sich einzuklinken. Sie eröffnen den Jugendlichen keinen Raum für eigene spirituelle Erfahrungen. Sie ermöglichen keine Begegnungen mit Gott. Wo aber für Jugendliche nicht klar ist, was

---

[1] Vgl. die Ergebnisse aus der Befragung von Konfirmanden bei Rainer Starck/Ingrid Scholz, Gottesdienste mit Konfirmandinnen und Konfirmanden, in: Comenius-Institut/Verein KU-Praxis (Hg.), Handbuch für die Arbeit mit Konfirmandinnen und Konfirmanden, Gütersloh 1998, S. 253-272, hier S. 255-258.

[2] Vgl. Kirchenamt der EKD (Hg.), Glauben entdecken, Konfirmandenarbeit und Konfirmation im Wandel, Gütersloh 1998, S. 43f.

das, was sie gerade sehen und hören, mit ihnen und ihrem Leben zu tun hat, da fällt es ihnen schwer aufmerksam zu sein. Die logische Folge ist: Sie suchen sich während des Gottesdienstes andere Beschäftigungen – sehr zum Unwillen der übrigen Gottesdienstbesucher, die überhaupt nicht begreifen können, warum die Konfis denn nicht wenigstens eine Stunde zuhören können. Am Ende sind alle genervt: die Konfirmandinnen und Konfirmanden, weil sie lieber im Bett geblieben wären, und die Kerngemeinde, weil sie sich in ihrer Andacht gestört fühlt.
Wie kommt man aus diesem Dilemma heraus? Der übliche Weg führt vordergründig zum Erfolg: In regelmäßigen Abständen werden die Konfis von Pfarrer und Ältesten ermahnt, mit sanftem Druck werden sie darauf hingewiesen, dass ihre Konfirmation bei weiter andauerndem Fehlverhalten bedroht ist („Ihr müsst euch ja nicht konfirmieren lassen, wenn ihr kein Interesse habt...“). In der Regel kehrt dann zumindest für die nächsten Wochen Besserung ein. Welcher Jugendliche will schon ein Jahr lang in den Konfirmandenunterricht gehen und am Ende nicht konfirmiert werden? Nach einigen Wochen wiederholt sich das Ritual und so schleppt man sich durch bis zur Konfirmation. Danach sind die Konfirmanden schlagartig verschwunden, was die Kerngemeinde mit einer Mischung aus – offen gezeigter – Verärgerung („wieder ein Jahrgang aus der Kirche herauskonfirmiert“) und – (zumeist) unausgesprochener – Erleichterung („endlich ein paar Wochen Ruhe, bis der nächste Jahrgang kommt“) zur Kenntnis nimmt.
Dies alles ist – wenn auch zugegebenermaßen etwas überspitzt dargestellt – landauf, landab volkskirchlicher Alltag und genau deshalb ist man leicht geneigt, dies alles als „normal“ zu erachten. In Wirklichkeit sind diese Zusammenhänge jedoch fatal. Denn jenseits hehrer offizieller Ziele für den Konfirmandenunterricht lernen Jugendliche in ihrer Konfirmandenzeit durch den „heimlichen Lehrplan“ v.a. zweierlei: 1. Was am Sonn-

tagmorgen in der Kirche geschieht, ist langweilig und 2. So wie wir sind, sind wir dort nicht willkommen.[3] Wen wundert's, dass sie nicht mehr zu sehen sind, sobald die Konfirmation vorbei ist! Alle positiven pädagogischen Bemühungen im Konfirmandenunterricht werden durch die Schwierigkeiten mit dem Sonntagsgottesdienst weitgehend zunichte gemacht. Im Rückblick auf die Konfirmandenzeit bleibt v.a. in Erinnerung: Kirche ist langweilig – weil der Gottesdienst langweilig ist! Zu Recht erkennen Jugendliche nämlich nicht im Konfirmandenunterricht, sondern im Gottesdienst die zentrale Lebensäußerung der Gemeinde, an der diese dann auch gemessen und beurteilt wird.

Führt man sich all dies vor Augen, wird deutlich, dass es sich beim Thema „Konfis und Gottesdienst" keineswegs um ein Thema unter anderen handelt, mit dem sich Verantwortliche in der Konfirmandenarbeit beschäftigen müssen. Hier stehen wir vielmehr vor einem Schlüsselthema, welches das Kirchenbild von Jugendlichen nachhaltig und auf Jahre hinaus prägt.

Eine Kirche, die ihre Jugend nicht dauerhaft vom aktiven kirchlichen Leben ausschließen will, muss an dieser Stelle Lösungen finden. Mit Ermahnungen an die Konfis ist es nicht getan. Die greifen nämlich nur bis zum Datum der Konfirmation, danach nicht mehr. Was also tun? Wie kann der Konfirmandenunterricht das Problemfeld aufgreifen? Und wie könnte das Gottesdienstleben einer Gemeinde aussehen, in dem Jugendliche mit ihren Zugängen und ihrer Art von Spiritualität Platz finden? Breite und bequeme Wege aus der Beziehungskrise sind nicht in Sicht. Aber zumindest Trampelpfade bieten sich an.

---

[3] Vgl. die durch empirische Untersuchungen abgesicherten Thesen in: Kirchenamt der EKD (Hg.), Glauben entdecken, S. 43f.

1.2 Konfis und Gottesdienst – Trampelpfade aus der Krise

1.2.1 Das gottesdienstliche Leben der Gemeinde verändern[4]

Beginnen wir mit der radikalsten Lösung: Wenn der traditionelle Gottesdienst am Sonntagmorgen für Jugendliche langweilig, weil lebensfern ist – was liegt näher, als einen Gottesdienst speziell für Jugendliche zu konzipieren?

Es gibt zahlreiche Beispiele dafür, dass so etwas gelingen kann![5] Besonders vielversprechend sind Projekte, bei denen – bereits konfirmierte – Jugendliche selbst an der Vorbereitung und Gestaltung der Gottesdienste beteiligt werden, weil dadurch garantiert wird, dass in diesen Gottesdiensten wirklich um Themen von Jugendlichen in ihrer Sprache geht. Dabei ist einerseits Begleitung durch Erwachsene wichtig, die in liturgischen Fragen geschult sind. Andererseits müssen Jugendliche Raum haben für eigene Ideen und Experimente. Auf Konfirmanden kann es großen Eindruck machen, wenn sie sehen, dass andere Jugendliche (freiwillig!) einen Gottesdienst vorbereiten und daran teilnehmen. Dadurch wird für sie oft zum ersten Mal deutlich, dass Gottesdienst auch für Teenager mehr sein kann als eine lästige Pflichtübung auf dem Weg zur Konfirmation – eine gute Voraussetzung dafür, dass der Gottesdienst für Jugendliche zu leben beginnt und eigene Erfahrungen und Begegnungen mit Gott möglich werden. Hilfreich ist es dafür, wenn der Jugendgottesdienst so konzipiert ist, dass er spirituelle Erfahrungen erleichtert.

---

[4] Vgl. hierzu die Anregungen und Literaturhinweise bei Rainer Starck/Ingrid Scholz, Gottesdienste mit Konfirmandinnen und Konfirmanden, S. 259-272.

[5] Die „Together-Gottesdienste" des CVJM versammeln in der Region Karlsruhe regelmäßig mehrere hundert Jugendliche im Alter von 13 bis 20 Jahren, die sich (freiwillig!) treffen um gemeinsam einen ca. zweistündigen Gottesdienst zu feiern; ähnliche Projekte gibt es auch anderswo.

Z.B. kann es nach der Predigt einen Gebetsteil mit verschiedenen Stationen geben, an denen Raum für die Begegnung mit Gott ist: An eine Gebetswand können Dankgebete geheftet werden. An der Fürbittstation liegen Teelichter zum Anzünden bereit. Die Klagemauer nimmt die Sorgen und Nöte der Jugendlichen auf. In einem abgetrennten Raum kann man sich segnen lassen. Im Nebenraum kann man über die Predigt sprechen und manches mehr.

Speziell für und mit Jugendlichen gestaltete Gottesdienste sind *ein* Weg Jugendliche an den Gottesdienst heranzuführen. Dieser Weg ist sinnvoll. Begeht man ihn aber exklusiv, ergibt sich ein gewichtiges Problem: Der Gottesdienst der Jugendlichen wird von der übrigen Gemeinde komplett abgekoppelt, die Schnittmengen sind verschwindend gering. Mit Paulus gesprochen: Hier besteht die Gefahr, dass der Leib Christi zerteilt wird (1. Kor 1,13)!
Aus diesem Grund legt es sich nahe, begleitend noch einen zweiten Schritt zu unternehmen und sich zu fragen: Wie können Jugendliche mit in den regulären Gemeindegottesdienst hineingenommen werden? Auch hier geht es v.a. um Beteiligung: Wo Jugendliche an der Vorbereitung und Durchführung von Gottesdiensten beteiligt werden, da öffnet sich der Gottesdienst fast automatisch für das Denken und die Spiritualität von Jugendlichen und wird damit auch für andere Jugendliche interessant.
Vor zwei Missverständnissen ist in diesem Zusammenhang allerdings zu warnen:
Das erste Missverständnis betrifft das Wort „beteiligen". Es geht nicht um eine äußerliche Beteiligung, bei der die Jugendlichen die Aufgabe haben, einzelne Texte (Gebete, Lesungen o.ä.), die der Pfarrer oder die Pfarrerin bereits formuliert hat, im Gottesdienst vorzulesen. Es ist nichts gewonnen, wenn Jugendliche im Gottesdienst Gebete sprechen, die sie

selbst so nie beten würden, und Texte vorlesen, die sie im schlimmsten Fall noch nicht einmal verstehen!

Beteiligung in einem tieferen und umfassenden Sinn sieht anders aus und damit sind wir beim zweiten Missverständnis: Wer Jugendliche am Gottesdienst beteiligen will, kann nicht einfach so weitermachen, wie es immer schon war. Wenn Jugendliche nämlich den Gottesdienst wirklich mitgestalten, dann verändert er sich automatisch. Am Ende dieses Prozesses wird eine Form von Gottesdienst stehen, die sich vom traditionellen Gottesdienst mehr oder weniger stark unterscheidet und Raum gibt für Jugendliche und ihre Frömmigkeitsformen.

1.2.2. Den Gottesdienst-Weg im Konfirmandenunterricht nachvollziehbar machen

Das gottesdienstliche Leben einer Gemeinde umgestalten, Gottesdienste speziell für und mit Jugendlichen feiern – beide Anregungen sind wichtig und helfen, Jugendliche an das Feiern von Gottesdiensten heran zu führen. Wo das zumindest in Ansätzen gelingt, ist viel gewonnen. Aber realistisch betrachtet kann und will nicht jede Gemeinde ihr gottesdienstliches Leben auf Jugendliche ausrichten. Auch kann nicht jede Gemeinde einen Schwerpunkt auf Jugendarbeit legen. Nicht immer sind Mitarbeiterinnen und Mitarbeiter da, die für diese Aufgabe die notwendigen Gaben und die notwendige Begeisterung mitbringen.

Und selbst wenn all dies gelingt: Die Kluft zwischen Konfirmanden und dem traditionellen Gottesdienst besteht nach wie vor. Wer nicht vollständig darauf verzichten will Konfirmandinnen und Konfirmanden zur Teilnahme am traditionellen Gottesdienst anzuhalten, steht auch weiterhin vor der Frage: Wie kann ich die Distanz zwischen beiden verringern?

Was kann ich tun um Jugendlichen den traditionellen Sonntagsgottesdienst nahe zu bringen?
Die meisten Arbeitshilfen für den Konfirmandenunterricht raten dazu den Ablauf des Gottesdienstes zu erklären.[6] Daneben werden neuerdings auch Meinungen zum Gottesdienst abgefragt und zu Beobachtungen aufgefordert.[7] Das alles ist sinnvoll und hilft den Jugendlichen sich besser im Gottesdienst zurecht zu finden. Das grundsätzliche Problem jedoch wird so nicht gelöst: Jugendliche können ohne Hilfestellung den Weg eines Gottesdienstes innerlich nicht nachvollziehen, weil sie seinen Sinn und den Bezug zum eigenen Leben nicht erfassen. Sie erleben den Gottesdienst nicht als spirituelle Erfahrung. Theoretische Erklärungen allein reichen da nicht aus. Notwendig ist es vielmehr, die Erklärungen mit Möglichkeiten zum Nachvollzug zu verbinden: Jugendliche müssen – in geschütztem Rahmen – den Weg der traditionellen Liturgie nachgehen können und dabei begleitet werden, sodass Vollzug und Erklärung zusammenfallen. Hierzu muss der Ablauf des Gottesdienstes zunächst in seine elementaren Teile zerlegt und anschließend so aufbereitet werden, dass der innere Gehalt der einzelnen Teile für Jugendliche in ihrer Lebensphase plausibel wird. Das Verstehen der Jugendlichen muss so tief reichen, dass sie in der Lage sind den Sinn der einzelnen Gottesdienstteile nachzuvollziehen und sich anzueignen. Gefragt ist also eine *elementare Liturgik*, welche die *Verbindung zur jugendlichen Lebenswelt* sucht. Die hier dargestellte Unterrichtseinheit für den Konfirmandenunterricht versucht Schritte in diese Richtung zu gehen.

---

[6] Vgl. z.B. Hermann Mahnke, Konfirmandenkurs „Komm und sieh!“, Praxisentwürfe und Materialien für den Konfirmandenunterricht, Stuttgart 1997, S. 19f.
[7] Vgl. z.B. Hans-Martin Lübking, Neues Kursbuch Konfirmation, Ein Arbeitsbuch für Konfirmandinnen und Konfirmanden, Düsseldorf 2000, S. 23-26.

1.3 „Mit Gott unterwegs" – eine Unterrichtseinheit zum Thema „Gottesdienst" für den Konfirmandenunterricht

Schritt 1: Mr. Bean in der Kirche (20 min)

Zum Einstieg sehen die Konfirmandinnen und Konfirmanden das Video „Mr. Bean in der Kirche"[8]. In diesem Sketch spielt Rowan Atkinson Mr. Bean, der zum ersten Mal seit Jahren einen Gottesdienst besucht und sich nur schwer zurechtfindet. Überspitzt werden hier Erfahrungen gezeigt, die Jugendliche auch machen, wenn sie zum ersten Mal in den Gottesdienst kommen: Mr. Bean weiß nicht, wann man sitzt und steht; er kennt die Lieder nicht; er hat kein Gesangbuch; er fällt durch seine Unwissenheit unangenehm auf. So eignet sich das Video gut, um humorvoll in das Thema einzuführen.

Man kann das Video in der Konfirmandengruppe als Kurzfilm zum Thema „Gottesdienst" ankündigen, den die Jugendlichen möglichst genau beobachten sollen. Der dadurch erzielte Überraschungseffekt kann die Konzentration steigern.

Anschließend wird der Film ausgewertet. Dazu wird auf einem Plakat gesammelt, welche Schwierigkeiten Mr. Bean im Gottesdienst hat. Davon ausgehend können eigene Erfahrungen der Konfirmandinnen und Konfirmanden artikuliert werden.

Schritt 2: Auf dem Weg durch den Gottesdienst (60 min)

Der folgende Stationenlauf dient dazu, dass die Konfirmandinnen und Konfirmanden den Gottesdienst-Weg buchstäblich nach-gehen können und dabei Gelegenheit haben sich die einzelnen Schritte dieses Weges

[8] Mr. Bean in der Kirche, auf: Rowan Atkinson In Mr. Bean 1, 2003 (DVD).

nachvollziehend anzueignen.[9] Der Stationenlauf soll in jedem Fall in der Kirche/in dem Gemeindehaus stattfinden, in dem die Konfirmanden üblicherweise sonntags in den Gottesdienst gehen. An jeder Station gibt der/die Unterrichtende zunächst eine thematische Einführung und leitet die Konfirmandinnen und Konfirmanden anschließend zu einer Aktion an, in der diese sich das Gesagte aneignen. Wichtig ist es, bei der gesamten Einheit auf eine ruhige und konzentrierte Atmosphäre zu achten. Die Ausstrahlung des sakralen Raumes macht dies erfahrungsgemäß recht leicht.

Bevor die Gruppe in die Kirche geht, erklärt der/die Unterrichtende, was nun geschehen soll. Er/sie nimmt dabei Bezug auf das Gespräch über das Mr. Bean-Video und die geäußerten Erfahrungen der Jugendlichen und kündigt eine Reise durch den Gottesdienst an, die dabei hilft zu verstehen, was im Gottesdienst passiert.

Station 1 (am Eingang):
Wir erinnern uns an unsere Taufe (Votum)

Thematische Einführung: Die ersten Worte, die der Pfarrer/die Pfarrerin im Gottesdienst spricht, lauten: „Im Namen des Vaters und des Sohnes und des Heiligen Geistes." Das hat zwei Gründe. Der erste Grund lautet: Wenn Menschen am Sonntagmorgen in der Kirche zusammenkommen, geht es nicht um irgendetwas. Es geht um Gott. Deshalb geschieht alles im Gottesdienst in seinem Namen. Der zweite Grund ist: Dieser Satz wird bei jeder Taufe gesprochen. Der Täufling wird auf den Namen des

---

[9] Damit die Jugendlichen wirklich die Möglichkeit zu Mitvollzug und Aneignung haben, sollte die Gruppe bei diesem Schritt nicht mehr als 10-15 Konfis umfassen. Größere Konfirmandengruppen können in kleinere Gruppen mit je einem erwachsenen Leiter aufgeteilt werden und die Stationen zeitlich versetzt durchlaufen.

Vaters und des Sohnes und des Heiligen Geistes getauft. Wenn der Pfarrer am Anfang des Gottesdienstes diesen Satz (das „Votum“) spricht, erinnern sich die Besucherinnen und Besucher des Gottesdienstes: Ich bin getauft. Ich gehöre zu Gott. Deshalb bin ich heute Morgen hier. Ich will meine Beziehung zu Gott stärken und etwas von ihm erfahren.

Aktion: Die Konfirmandinnen und Konfirmanden gehen nacheinander zur Taufschale, tauchen den rechten Zeigefinger ins Wasser und zeichnen sich damit ein Kreuz auf die Stirn. Dazu sprechen sie leise das Votum.

Material: Taufkanne, Taufschale mit Wasser

Station 2 (im hinteren Teil der Kirche auf der Kanzelseite):
Wir reden mit Gott über die vergangene Woche (Eingangs- bzw. Bußgebet)

Thematische Einführung: Wenn ihr am Sonntagmorgen in die Kirche kommt, dann habt ihr eine Woche hinter euch, in der einiges passiert ist. Manches war schön – z.B. wenn man frisch verliebt ist; anderes war gar nicht schön – z.B. der Krach mit den Eltern.
Das erste Gebet im Gottesdienst nennt man Eingangs- oder Bußgebet. Es ist dazu da, dass man Gott alles sagen kann, was einem gerade durch den Kopf geht. Gutes und Schlechtes, Freude und Probleme – alles kann man Gott sagen. Der Pfarrer spricht das Gebet stellvertretend für alle. Manchmal gibt es in dem Gebet eine Zeit der Stille, in der jeder Gott ganz persönlich sagen kann, was ihn gerade beschäftigt.

Aktion: Die Jugendlichen schreiben auf einen kleinen Zettel ein Gebet, in dem sie Gott mitteilen, was sie in der vergangenen Woche gefreut, geärgert oder traurig gemacht hat. Sie rollen den Zettel zusammen und stecken ihn in die Öffnungen der Backsteine. Die Gebetszettel werden nach dem Unterricht ungelesen vernichtet (darauf sollten die Jugendlichen bereits in der Einladung zu dieser Aktion hingewiesen werden).

Material: „Klagemauer" aus Backsteinen (im Baumarkt erhältlich), kleine Zettel, Stifte

Station 3 (in der Mitte der Kirche auf der Kanzelseite):
Wir loben Gott, weil er uns nicht im Stich lässt (Gloria)

Thematische Einführung: Nachdem man Gott im ersten Gebet gesagt hat, was einen beschäftigt, liest der Pfarrer ein Mut machendes Wort aus der Bibel vor. Damit macht er deutlich: Gott weiß, was uns bewegt, und er ist bei uns. Er freut sich mit uns über das Gute und hilft uns bei dem Schlechten.
Eigentlich wissen das schon alle. Aber manchmal vergisst man das während der Woche. Im Gottesdienst am Sonntag wird man durch den Bibelvers wieder daran erinnert. Weil das eine gute und erfreuliche Nachricht ist, antwortet die Gemeinde auf diesen Vers aus der Bibel mit dem so genannten Gloria-Lied; das ist ein Lied, mit dem sie Gott lobt und dankt.

Aktion: Die Konfirmandinnen und Konfirmanden singen gemeinsam ein Loblied.[10]

Material: Liederbücher, Gitarre

Station 4 (unter der Kanzel oder am Lesepult):
Wir hören, was Gott uns zu sagen hat (Schriftlesung und Predigt)

Thematische Einführung: Wer in den Gottesdienst kommt, erinnert sich zuerst an seine Taufe. Dann sagt er Gott alles, was ihn gerade beschäftigt. Er hört, dass Gott bei ihm ist und ihm hilft. Nun hat er den Kopf frei um sich auf das auszurichten, was Gott ihm für die neue Woche sagen will. Deshalb werden nun Texte aus der Bibel vorgelesen. Aus den Bibeltexten erfahren wir, was Gott uns zu sagen hat. *Einen* Bibeltext erklärt die Pfarrerin/der Pfarrer in der Predigt genauer. Dabei sagt sie/er, warum dieser Bibeltext für uns in unserem Leben wichtig ist.

Aktion: An der Station werden vier verschiedene Bibeltexte (M1 bis M4) ausgelegt. Jeder Text sagt etwas zu einer wichtigen Frage oder einem wichtigen Thema. Die Konfirmandinnen und Konfirmanden suchen sich einen Text aus und bearbeiten die Aufgaben, die zu dem Text auf dem Blatt stehen.

Material: 4 Texte mit Aufgaben (M1 bis M4), ausreichende Zahl von Kopien (zur schnellen Unterscheidung der unterschiedlichen Texte möglichst je M eine eigene Papierfarbe), Stifte

---

[10] Als Lieder eignen sich u.a. aus dem EG Nr. 272 (Ich lobe meinen Gott von ganzem Herzen) und Nr. 628 Baden (Ich lobe meinen Gott, der aus der Tiefe mich holt), aus „Feiert Jesus“ Nr. 7 (Lord I lift your name on high), aus „Feiert Jesus 2“ Nr. 4 (Jesus in my house).

Fakultativ: Station 4a (um den Altar): Wir sind Gäste an Gottes Tisch (Abendmahl)[11]

Thematische Einführung:[12] Aus den Bibeltexten und der Predigt haben die Menschen gehört, was Gott ihnen für ihr Leben zu sagen hat. Vielleicht haben sie Mut und gute Vorsätze für die neue Woche gefasst. In der Abendmahlsfeier werden sie dafür gestärkt. Sie bilden dabei einen Kreis um den Altar und machen so deutlich: Wir sind Gäste an Gottes Tisch. Sie empfangen Brot und Wein – Symbole dafür, dass Gott ihnen für die kommende Woche Kraft von seiner Kraft gibt.

Aktion: Die Konfirmandinnen und Konfirmanden versammeln sich im Kreis um den Altar. Sie teilen Brot und Trauben miteinander.

Material: Teller mit Brot und Trauben

Station 5 (in der Mitte der Kirche auf der Taufsteinseite): Wir bitten Gott für andere Menschen (Fürbittengebet)

Thematische Einführung: Der Gottesdienst geht nun langsam dem Ende entgegen. Bevor wir nach Hause gehen, denken wir an Menschen, die es gerade schwer haben und die deshalb Gottes Hilfe brauchen, und an

---

[11] Der Stationenlauf sollte sich an der Regelform des örtlichen Gemeindegottesdienstes orientieren, so wie die Konfirmandinnen und Konfirmanden ihn gewohnt sind. Daher sollte Station 4a nur dann aufgenommen werden, wenn der Sonntagsgottesdienst in der jeweiligen Gemeinde in der Regel als Gesamtgottesdienst gefeiert wird.

[12] Es ist u.E. nicht sinnvoll, in einer Unterrichtseinheit zum Thema „Gottesdienst" alle theologischen Aspekte der Abendmahlsfeier anzusprechen. Dies würde die Einheit überfrachten. Wir haben für die hier vorgeschlagene Einheit die Aspekte „Gemeinschaft mit Gott" und „Stärkung auf dem Weg" herausgegriffen. In einer eigenen Unterrichtseinheit zum Thema „Abendmahl" können (und sollen!) dann auch alle übrigen Aspekte besprochen werden (vgl. unten, Kapitel 3).

die Welt, in der wir leben. Im Fürbittengebet wird dafür gebetet. Die Pfarrerin/der Pfarrer spricht das Gebet stellvertretend für alle. Manchmal gibt es eine Zeit der Stille, in der man Gott die Menschen und Ereignisse nennen kann, die einem ganz besonders am Herzen liegen.

Aktion: Die Jugendlichen schreiben auf einen Zettel ein Gebet für einen oder mehrere Menschen, die in Not sind. Die Zettel werden an die Fürbittenwand geheftet.

Material: Pinnwand mit angepinnter Überschrift („Fürbitten"), Stifte, kleine Zettel, Pinnnägel

Station 6 (am Ausgang):
Wir gehen mit der Zusage: Gott geht mit uns (Segen)

Thematische Einführung: Am Ende des Gottesdienstes, bevor alle nach Hause gehen, spricht die Pfarrerin/der Pfarrer den Segen. Das bedeutet: Sie/er sagt allen zu, dass Gott mit ihnen durch die neue Woche geht, dass sie nicht allein sind.

Aktion: Auf einem Tisch liegen Kärtchen mit verschiedenen Segenssprüchen. Die Jugendlichen suchen sich eine Karte aus, deren Text sie anspricht, nehmen sie mit und bewahren sie an einem Ort auf, an dem sie immer wieder auf die Karte schauen können (z.B. Geldbeutel oder Pinnwand).

Material: Segenskärtchen (Visitenkarten, bedruckt mit fünf verschiedenen Segenssprüchen, M5)[13]

<u>*Schritt 3: Gottesdienst-Puzzle (30 min)*</u>

Der Abschluss der Unterrichtseinheit dient dazu das Gelernte zu sichern und das Erlebte zu reflektieren.

Zur kognitiven Sicherung bearbeiten die Jugendlichen zunächst in Einzelarbeit M6[14] und vergegenwärtigen sich so nochmals, welche Bedeutung die einzelnen Teile des Gottesdienstes haben. Die Arbeit mit M7a+b dient anschließend dazu die Gottesdienstschritte im Ablauf einer normalen Sonntagsliturgie[15] zu identifizieren.

Die kritische Reflexion der eigenen Erfahrungen kann in Einzelarbeit (schriftlich) oder in Kleingruppen (im Gespräch) geschehen. Leitfragen für die Konfirmandinnen und Konfirmanden können sein: Welche Aufgabe hat mich angesprochen, welche nicht? Was hat mir gut getan, was nicht? Was war überraschend oder neu für mich, was habe ich schon gekannt?

<u>*Erfahrungen mit der Unterrichtseinheit aus der Praxis*</u>

Wir haben die Erfahrung gemacht, dass Konfirmandinnen und Konfirmanden sich bereitwillig und mit Interesse auf die Aufgaben eingelassen haben. Besonders ist uns die ernsthafte und konzentrierte Atmosphäre

[13] Im Fachhandel sind neben Blankokarten auch Visitenkarten erhältlich, die als Hintergrund Motive (z.B. Wolken am Himmel) oder Farbeffekte haben. Diese eignen sich besonders gut.

[14] Da in den meisten evangelischen Gemeinden der Sonntagsgottesdienst in der Regel ohne Abendmahl gefeiert wird, wird das Abendmahl bei M6 und M7 nicht berücksichtigt.

[15] Grundlage für M7 ist die Liturgie 3 der Evangelischen Landeskirche in Baden, die allerdings stark elementarisiert (und damit zugleich vereinfacht) wurde. Dies ist u.E. notwendig, damit die Jugendlichen den großen Bogen der Liturgie, den sie in der Kirche nachvollzogen haben, auf den Arbeitsblättern wiedererkennen und sich einprägen können. Zu viele Details würden das Verstehen der Liturgie eher behindern als fördern!

aufgefallen. Die Gebete, die an die Fürbittenwand geheftet wurden, waren zum Teil sehr persönlich und bewegend – ein deutlicher Hinweis darauf, dass die Jugendlichen den Sinn dieses Gottesdienstelements verstanden und sich persönlich angeeignet haben.

Von den Konfis selbst erhielten wir ebenfalls positive Rückmeldungen. Mehrfach haben uns Jugendliche erzählt, dass sie nach dieser Einheit endlich verstanden haben, um was es im Sonntagsgottesdienst eigentlich geht.

Unsere Konfis sind durch die dargestellte Unterrichtseinheit nicht über Nacht zu begeisterten Kirchgängern geworden. Aber es war doch deutlicher als in den vergangenen Jahren zu spüren, dass sie sich – gerade nach dieser Einheit – mit dem Sonntagsgottesdienst leichter tun und im Laufe ihrer Konfirmandenzeit besser in den Gottesdienst hineinwachsen. Oder mit den Worten eines Konfirmanden am Ende seiner Konfirmandenzeit: „Am Anfang hab‘ ich gedacht: Oh je, sonntags immer in die Kirche. Aber irgendwie war's dann gar nicht so schlimm. Man kann sich eigentlich richtig dran gewöhnen…“

M1

Was bin ich wert?

Vielleicht denkst du manchmal: Ich bin nicht viel wert. Mich braucht keiner und andere können sowieso alles viel besser...
Auf diesem Blatt findest du einige Bibelverse. Sie zeigen dir: Für Gott ist jeder Mensch wertvoll. Auch du! Lies die Verse durch. Ergänze dann jeweils die Sätze, die darunter stehen.

Ich danke dir dafür, dass ich wunderbar gemacht bin; wunderbar sind deine Werke; das erkennt meine Seele. Es war dir mein Gebein nicht verborgen, als ich im Verborgenen gemacht wurde, als ich gebildet wurde unten in der Erde. Deine Augen sahen mich, als ich noch nicht bereitet war, und alle Tage waren in dein Buch geschrieben, die noch werden sollten und von denen keiner da war. (Psalm 139,14-16)

Bin ich wirklich etwas wert? Diese Bibelverse sagen: Ja! Ich bin wertvoll, weil

____

Jetzt aber sagt der HERR, der dich ins Leben gerufen hat: „Fürchte dich nicht, ich befreie dich! Ich habe dich bei deinem Namen gerufen, du gehörst mir! Musst du durchs Wasser gehen, so bin ich bei dir; auch in reißenden Strömen wirst du nicht ertrinken. Musst du durchs Feuer gehen, so bleibst du unversehrt; keine Flamme wird dir etwas anhaben können. Denn ich bin der HERR, dein Gott; ich, der heilige Gott Israels, bin dein Retter." (Jesaja 43,1-3)

Diese Bibelverse sagen: Ich bin sehr wertvoll für Gott. Deshalb sagt er mir zu:

____

____

Gott hat die Menschen so sehr geliebt, dass er seinen einzigen Sohn hergab. Nun werden alle, die sich auf den Sohn Gottes verlassen, nicht zugrunde gehen, sondern ewig leben. (Johannes 3,16)

Dieser Bibelvers sagt: Gott liebt mich. Deshalb hat er etwas für mich getan, und zwar:________________________________

Welcher Satz aus den Bibelversen gefällt dir am besten? Unterstreiche ihn!

M 2

Was kommt nach dem Tod?

Vielleicht hast du dir über diese Frage schon einmal Gedanken gemacht: Was geschieht mit einem Menschen, nachdem er gestorben ist? Wo ist er dann, wie geht es ihm? In diesem Bibeltext findest du eine Antwort! Der Seher Johannes bekommt hier von Gott gezeigt, was nach dem Tod für die Menschen kommt, die Gott vertraut haben. Er beschreibt, was er sieht:

Der neue Himmel und die neue Erde
Dann sah ich einen neuen Himmel und eine neue Erde. Der erste Himmel und die erste Erde waren verschwunden, und das Meer war nicht mehr da. Ich sah, wie die Heilige Stadt, das neue Jerusalem, von Gott aus dem Himmel herabkam. Sie war festlich geschmückt wie eine Braut, die auf den Bräutigam wartet. Vom Thron her hörte ich eine starke Stimme: »Jetzt wohnt Gott bei den Menschen! Er wird bei ihnen bleiben, und sie werden seine Völker sein. Gott selbst wird als ihr Gott bei ihnen sein. Er wird alle ihre Tränen abwischen. Es wird keinen Tod mehr geben und keine Traurigkeit, keine Klage und keine Quälerei mehr. Was einmal war, ist für immer vorbei.« Dann sagte der, der auf dem Thron saß: »Jetzt mache ich alles neu!« (Offenbarung 21,1-5)

1. Lies diesen Text durch!
2. Die Bibel sagt: Wer auf Gott vertraut hat und stirbt, der kommt nach dem Tod in die Stadt, die hier beschrieben ist. Schreibe auf
    a) wie diese Stadt aussieht
    b) was es dort nicht mehr gibt
    c) was Gott in dieser Stadt tut!
3. Welcher Satz gefällt dir am besten? Unterstreiche ihn!

M 3

Wenn man zweifelt...

Vielleicht kennst du das: Manchmal ist man sich nicht sicher, ob es Gott wirklich gibt. Oder ob das alles stimmt, was in der Bibel steht.
Schon in der Bibel wird von Menschen erzählt, die ihre Zweifel hatten. Einer von ihnen ist Thomas. Er kann nicht glauben, dass Jesus wirklich von den Toten auferstanden ist. Davon erzählt die folgende Geschichte:

Als Jesus nach seiner Auferstehung zu den Jüngern kam, war Thomas, genannt der Zwilling, einer aus dem Kreis der Zwölf, nicht dabei gewesen. Die anderen Jünger erzählten ihm: »Wir haben den Herrn gesehen!« Thomas sagte zu ihnen: »Niemals werde ich das glauben! Da müsste ich erst die Spuren von den Nägeln an seinen Händen sehen und sie mit meinem Finger fühlen und meine Hand in seine Seitenwunde legen – sonst nicht!«
Eine Woche später waren die Jünger wieder im Haus versammelt, und Thomas war bei ihnen. Die Türen waren abgeschlossen. Jesus kam, trat in ihre Mitte und sagte: »Frieden sei mit euch!« Dann wandte er sich an Thomas und sagte: »Leg deinen Finger hierher und sieh dir meine Hände an! Streck deine Hand aus und lege sie in meine Seitenwunde! Hör auf zu zweifeln und glaube!« Da antwortete Thomas: »Mein Herr und mein Gott!« Jesus sagte zu ihm: »Du glaubst, weil du mich gesehen hast. Freuen dürfen sich alle, die mich nicht sehen und trotzdem glauben!« (Johannes 20,24-29)

1. Lies diese Geschichte!
2. Schreibe auf:
   a) Was denkt Thomas wohl, bevor er Jesus trifft?
   b) Was denkt er danach?
3. Viele Menschen, die selbst Zweifel haben, werden durch diese Geschichte getröstet. Was denkst du: Warum ist das so?
4. Welcher Satz aus der Geschichte gefällt dir am besten? Unterstreiche ihn!

M 4

Wenn man mutlos ist...

Vielleicht kennst du das: Manchmal traut man sich überhaupt nichts zu und denkt: Das schaffe ich nie! Auf diesem Blatt findest du die Geschichten von zwei Menschen aus der Bibel. Du erfährst, warum sie mutlos waren – und wie Gott ihnen geholfen hat.

Die Geschichte von Josua
Mose hat das Volk Israel aus Ägypten herausgeführt. 40 Jahre lang waren sie in der Wüste unterwegs. Nun steht das Volk kurz davor, in das Land einzuziehen, das Gott ihnen versprochen hat. Josua soll der Nachfolger von Mose sein und das Volk Israel in das Land hineinführen über den Fluss Jordan. Aber Josua ist sehr mulmig zumute: Werden alle heil ankommen? Wie wird es in diesem Land werden?
In dieser Situation redet Gott mit Josua. Er sagt zu ihm: „Sei mutig und entschlossen! Hab keine Angst, und lass dich durch nichts erschrecken; denn ich, der HERR, dein Gott, bin bei dir, wohin du auch gehst!" (Josua 1,9)

Die Geschichte von Abraham
Gott hat zu Abraham gesagt: Verlasse dein Heimatland. Ich will dich in ein anderes Land führen und dir dort eine große Familie geben, mit vielen Kindern und Enkelkindern. So macht sich Abraham auf den Weg und vertraut Gott. Aber Abraham ist schon alt und manchmal wird er mutlos. Er fragt sich: Werden wir dort ankommen? Und vor allem: Werde ich in meinem Alter überhaupt noch Kinder bekommen können?
Eines Abends sagt Gott zu Abraham, dass er aus seinem Zelt hinausgehen und an den Himmel schauen soll. Und er spricht zu ihm: »Sieh hinauf zu den Sternen am Himmel! Kannst du sie zählen? So unzählbar werden deine Nachkommen sein.« (1. Mose 15,5)

1. Lies die beiden Geschichten!
2. Überlege: Welche Gedanken hat Josua, wenn er an seine Aufgabe denkt? Und wodurch macht Gott Josua Mut? Schreibe jeweils einen Satz auf!
3. Denke über die Geschichte von Abraham nach. Welche Gedanken hat er wohl? Und wie macht Gott ihm Mut? Schreibe jeweils einen Satz auf.
4. Welcher Satz aus diesen beiden Geschichten gefällt dir am besten? Unterstreiche ihn!

M 5
Segenssprüche

1)
Der Segen des allmächtigen Gottes,
des Vaters, des Sohnes und des Heiligen Geistes,
sei allezeit bei dir.
Amen.

2)
Unser Gott gebe dir seine Gnade:
Schutz und Schirm vor allem Bösen,
Stärke und Hilfe zu allem Guten
durch Jesus Christus, unsern Herrn.
Amen.

3)
Unser Gott begleite dich auf deinem Lebensweg.
Er schenke dir Kraft, Freude und Zuversicht
heute und an allen Tagen, die kommen.
Amen.

4)
Unser Gott segne und bewahre dich.
Er sei um dich mit seiner Kraft
und bewahre dich vor der Macht des Bösen.
Er stärke dich zum Guten
und lasse dich für andere zum Segen werden.
Amen.

5)
Gott, der dich geschaffen hat, segne dich.
Jesus Christus, der dir Freiheit schenkt, stärke dich.
Der Heilige Geist, der dich lebendig hält, leite dich.
So segne dich der dreieinige Gott
heute und allezeit.
Amen.

M 6

Die Stationen des Gottesdienstes

Station	*Darum geht es bei dieser Station*
Bußgebet	Wir gehen mit der Zusage: Gott geht mit uns
Fürbittengebet	Wir hören, was Gott uns zu sagen hat
Gloria	Wir reden mit Gott über die vergangene Woche
Schriftlesung und Predigt	Wir bitten Gott für andere Menschen
Segen	Wir erinnern uns an unsere Taufe
Votum	Wir loben Gott, weil er uns nicht im Stich lässt

Aufgabe:

Verbinde durch einen Pfeil jede Station mit der richtigen Erklärung!

M 7a

Der Gottesdienst-Weg

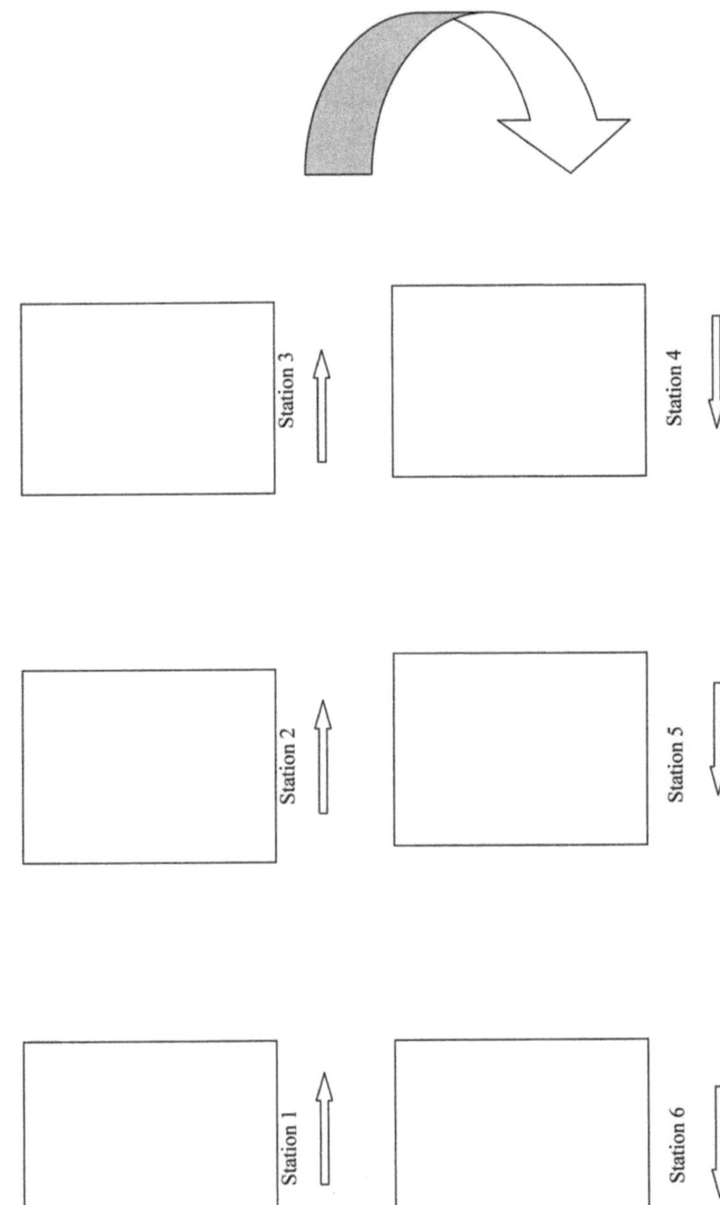

M 7b

Fürbittengebet

Vater unser

Schriftlesung

(Glaubens-bekenntnis)

Hauptlied

Predigt

Predigtlied

Musik zum Ein-gang

Eingangslied

Votum

Gruß

Psalm

Schlusslied

Abkündigungen

Wochenspruch

Segen

Musik zum Ausgang

Bußgebet

Herr, erbarme dich

Gnadenspruch

Ehre sei Gott in der Höhe

Glorialied

Tagesgebet

2 Meine Taufe sagt mir, wer ich bin

Mit Konfirmandinnen und Konfirmanden die Bedeutung der Taufe entdecken

2.1 Taufe – ein wieder entdecktes Sakrament

Mittwochnachmittag, wenige Wochen vor dem Anmeldetermin zum Konfirmandenunterricht. Im Pfarramt klingelt das Telefon. Die Anruferin, Frau Meyer, ist in Sorge um ihre Zwillinge Florian und Sebastian. Beide sollen im nächsten Jahr konfirmiert werden, aber sie sind noch nicht getauft. „Kann man das nicht vor der Konfirmandenzeit irgendwo im Stillen nachholen? Das ist doch sonst peinlich für die Jungs!" Ich schlage Frau Meyer vor, dass sich ihre beiden Söhne erst einmal zum Unterricht anmelden sollen. Für die Taufe werden wir schon eine Lösung finden. Frau Meyer lässt sich darauf ein – ganz überzeugt scheint sie jedoch nicht.

Drei Wochen später kommt sie mit ihren Söhnen zur Anmeldung ins Pfarrbüro. Das Gespräch kommt erneuet auf das Thema Taufe. Florian und Sebastian geben sich betont cool. Dass sie noch getauft werden sollen, so sagen sie, das macht ihnen überhaupt nichts aus. Aber die Nervosität ist nicht zu übersehen...

Die evangelische Kirche entdeckt die Taufe neu. Nachdem lange Zeit vor allem über das Für und Wider der Kindertaufe gestritten wurde, kommt nun verstärkt die Bedeutung der Taufe für die bereits Getauften in den Blick.[16] Tauferinnerung heißt das Schlüsselwort: Die eigene Taufe, so die dahinter stehende Einsicht, kann nur dann für mich erfahrbar Bedeutung gewinnen, wenn ich mich ihrer erinnere. Und so werden verstärkt

---

[16] Vgl. exemplarisch Christian Möller, Kirche, die bei Trost ist. Plädoyer für eine seelsorgliche Kirche, Göttingen 2005, S. 126-143; Christian Grethlein, Grundinformation Kasualien. Kommunikation des Evangeliums an Übergängen des Lebens, Göttingen 2007, S. 99-152.

Tauferinnerungsgottesdienste gefeiert, für Kinder und auch für Erwachsene. Bis in die neuen Agenden hinein ist das Bemühen erkennbar Gelegenheiten zur Tauferinnerung zu schaffen – sei es im sonntäglichen Gottesdienst mit Taufen, in der Osternachtfeier oder auch im Bestattungsgottesdienst.

Die Konfirmation war schon immer ein Gottesdienst zur Tauferinnerung. Zwischen Taufe und Konfirmation besteht sozusagen ein natürlicher Bezug, soll doch die Konfirmation (unter anderem) eine Bestätigung und Bekräftigung der Taufe sein.[17] Und so ist es schon immer selbstverständlich gewesen, dass im Konfirmandenunterricht über die Bedeutung der Taufe gesprochen wird.

So wichtig aber dieses Thema ist, so gefürchtet ist es zugleich bei denen, die es unterrichten (müssen). Warum sollen sich Jugendliche für das Thema „Taufe" interessieren? Unmittelbar betroffen scheinen zunächst nur diejenigen, die sich ungetauft zum Unterricht anmelden. Aber gerade bei diesen Jugendlichen ist die Angst und die Unsicherheit weitaus größer als das Interesse und die Neugier. Zu groß ist in ihren Augen die Gefahr in eine peinliche Situation zu geraten, in der man sich in exponierter Stellung vor der Familie und den Gleichaltrigen blamieren kann. Bei den bereits Getauften ruft das Thema „Taufe" dagegen Achselzucken hervor. Ich bin getauft – na und...?! Was hat das mit mir zu tun? Das ist doch schon lange her. Genau diese Frage: Was hat das mit mir zu tun?, muss beantwortet werden, soll der Unterricht über die Taufe gelingen.[18] Sonst bleibt das Thema Taufe oberflächlich und inhaltsleer;

---

[17] Vgl. Kirchenleitung der Vereinigten Evangelisch-Lutherischen Kirche Deutschlands/Rat von der Kirchenkanzlei der Evangelischen Kirche der Union (Hg.), Konfirmation. Agende für evangelisch-lutherische Kirchen und Gemeinden und für die Evangelische Kirche der Union. Band III. Berlin/Bielefeld/Hannover 2001, S. 138.151f.

[18] Vgl. Klaus Goßmann, Taufe und Abendmahl, in: Comenius-Institut/Verein KU-Praxis (Hg.), Handbuch für die Arbeit mit Konfirmandinnen und Konfirmanden, Gütersloh 1998, S. 273-293, hier S. 276-278.

Lernstoff, den man vergessen hat, sobald man den Unterrichtsraum verlässt.

Auch von Seiten des christlichen Glaubens her ist es wichtig, sich immer wieder mit der Taufe zu befassen. Ist Taufe – recht verstanden – doch nicht eine einmalige, einst an Christinnen und Christen geschehene Handlung in der Vergangenheit, sondern in ihrer Bedeutung für das Christenleben zutiefst auf Aktualisierung hin angelegt. Christliches Leben ist Leben aus der Taufe, immer wiederkehrendes „Zurückkriechen in die Taufe“ (Luther), um dem Geheimnis nachzuspüren, was es heißt, als getaufter Mensch zu leben.[19]

2.2 Jugendliche und die Taufe – Irrwege

Für Konfirmandinnen und Konfirmanden ist die Taufe zunächst einmal ein Ritual aus einer anderen Welt. Diejenigen, die als Kind getauft wurden, haben in aller Regel keine Erinnerung mehr daran. Sie wissen kaum, wo und von wem sie getauft wurden. Sie können der eigenen Taufe in aller Regel auch keine besondere Bedeutung beimessen. Für die noch nicht getauften Konfirmanden entsteht umgekehrt leicht der Eindruck, Taufe sei so etwas wie ein notwendiges Übel auf dem Weg zur Konfirmation. „Wenn du konfirmiert werden willst, musst du erst getauft werden.“

Anknüpfungspunkte in der eigenen Lebenswirklichkeit sind für Jugendliche zunächst schwer zu finden. Warum soll die Taufe für irgendetwas gut und wichtig sein? Mehr als ein äußerliches Ritual ist auf den ersten Blick kaum zu erkennen.

Diese jugendliche Sichtweise ist verständlich. Wie sollen Konfirmanden auch eine innere Verbindung zur Taufe finden, wenn selbst viele er-

---

[19] Vgl. Christian Grethlein, Kasualien, S. 100.114.

wachsene Christinnen und Christen mit ihrer Taufe nichts oder nur wenig verbinden? Wie soll ein Ritual aus der frühesten Kindheit Kraft und Bedeutung entfalten, wenn es 13 Jahre lang im täglichen Leben keine Rolle gespielt hat?

Fatal wird es allerdings, wenn der Konfirmandenunterricht diesem Gefühl der lebensgeschichtlichen Irrelevanz nichts entgegensetzt und so die Bedeutungslosigkeit der Taufe noch verstärkt. Wenig hilfreich ist es daher, wenn die Konfirmandenzeit „Taufe“ als ein Sachthema rein kognitiv abhandelt und nicht zumindest versucht, die Jugendlichen in der Tiefe ihrer Existenz anzusprechen.

Wird nur abstrakt und distanziert *über* die Taufe geredet, dann kann man sicher viel Wissen über die Taufe anhäufen: was man zu einer Taufe alles braucht, welche Bedeutung die Patinnen und Paten haben, was für und gegen die Kindertaufe spricht und vieles andere mehr. Lebensgeschichtliche Relevanz aber wird durch all das nicht vermittelt. Die Konfirmanden erfahren zwar dieses und jenes über die Taufe, aber sie haben keine Möglichkeit, für sich eine Antwort auf die entscheidende Frage zu finden: „Warum ist es wichtig, dass *ich* getauft bin?“[20]

2.3 Jugendliche und die Taufe – Berührungspunkte

Wenn Taufe für Konfirmandinnen und Konfirmanden mehr sein soll als ein inhaltsleeres Ritual, das man über sich ergehen lässt, weil es eben dazugehört, dann muss deutlich werden, wo der Haftpunkt im eigenen

---

[20] Mit recht bemerken Bärbel Husmann und Thomas Klie: „Der Konfirmandenunterricht verfehlte geradezu seinen Gegenstand, spräche er nicht jeden Einzelnen explizit auf das je eigene Getauft-Sein bzw. -Werden an“ (Bärbel Husmann/Thomas Klie, Gestalteter Glaube. Liturgisches Lernen in Schule und Gemeinde, Göttingen 2005, S. 135). Vgl. zum Problem schon Walter Neidhart, Die Behandlung der Taufe im KU. Anfragen an die traditionelle Tauflehre, in: ku-praxis 24 (1988), S. 16-20, hier S. 17f.

Leben ist. Dann muss klar werden, auf welche Lebensfragen die Taufe antwortet und wie diese Antworten aussehen können.
Befasst man sich mit den verschiedenen Facetten des Taufgeschehens und mit den Lebensfragen Jugendlicher genauer, dann wird deutlich, dass es hier weit mehr Berührungspunkte gibt als man auf den ersten Blick vermuten würde. Zentrale Fragen des Jugendalters korrelieren mit wichtigen Aspekten der Taufe:

- Jugendliche fühlen sich in ihrem Selbstwertgefühl oft massiv beeinträchtigt. Die Frage *„Was bin ich wert?“* beschäftigt viele von ihnen. Die körperlichen Veränderungen in der Pubertät erfahren sie zumindest auch als belastend. Sie versuchen gängigen Schönheitsidealen zu entsprechen und merken zugleich, dass sie diese nicht erreichen können. Sie erfahren eigene Stärken und Schwächen, vergleichen sich mit anderen und schwanken zwischen fehlendem Selbstbewusstsein und maßloser Selbstüberschätzung. Konflikte in der Familie können das eigene Selbstbewusstsein ebenfalls auf harte Proben stellen. Bin ich überhaupt etwas wert? Für viele Jugendliche ist es nicht einfach, auf diese Frage ein Ja zu finden. Die Taufe erinnert daran, dass Menschen sich ihren Wert nicht selbst verdienen müssen. Sie sind wertvoll, weil Gott sie gemacht hat. *„Ich bin Gottes Geschöpf!“* sagt die Taufe auf die Frage nach dem Wert des eigenen Lebens.[21] Gerade die Säuglingstaufe am Anfang des Lebens macht deutlich: Leben ist ein kostbares Geschenk.[22]

---

[21] Vgl. hierzu die so genannten „Berliner Tauftthesen“, die auf dem Evangelischen Kirchentag in Berlin 1989 verabschiedet wurden und leicht zugänglich sind bei Möller, Kirche, die bei Trost ist, S. 128-133. Sie bezeichnen die Taufe als „Sakrament der Annahme“ (a.a.O., S. 129) und formulieren: „Das Leben jedes einzelnen Geschöpfes Gottes hat unendlichen Wert und steht unter seinem Schutz“ (ebd.).
[22] Vgl. hierzu sehr eindrücklich Theophil Müller, Konfirmation – Hochzeit – Taufe – Bestattung. Sinn und Aufgabe der Kasualgottesdienste, Stuttgart u.a. 1988, S. 127.

Wer sich seiner Taufe erinnert, kann erkennen: Auch mein Leben ist kostbar, Geschenk Gottes an mich.

- Jugendliche sind hin und her gerissen zwischen verschiedenen Wertesystemen und Verhaltenskodizes. Die Eltern leben etwas anderes vor als die Clique. Die Lehrer vermitteln anderes als die Vorbilder im Fernsehen. Was ist nun richtig, was falsch? *Was soll ich tun?* Wie soll ich mich entscheiden? Was ist gut, was ist böse? Und woher bekomme ich die Kraft das zu tun, was ich als richtig und gut erkannt habe? Solche Fragen gewinnen im Jugendalter an Bedeutung. Jugendliche können und wollen zunehmend selbst Entscheidungen treffen. Aber damit wächst auch die Verantwortung. Die Taufe erinnert daran: *Gott ist stärker als das Böse und er kann mir Kraft schenken, das Gute zu tun* und mich vom Bösen abzuwenden. In der Taufe als Reinigungsbad[23] wird sichtbar: Gott wäscht das Böse von mir ab und hilft mir das Gute zu tun! Die Absage an das Böse (abrenuntiatio) macht diesen Aspekt in der Taufliturgie ebenso deutlich wie das Übergießen des Täuflings mit Wasser.
- Jugendliche sehnen sich nach Freiräumen. Sie suchen Möglichkeiten sich auszuprobieren und wollen sich nicht mehr vorschreiben lassen, was sie zu tun haben. Gleichzeitig sehen sie sich verschiedensten Erwartungen von unterschiedlichen Seiten ausgesetzt. Diese sind teils offensichtlich (wie zumeist bei den Eltern oder in der Schule), teils subtiler, aber dadurch keinesfalls weniger bedrängend (etwa durch die Einflüsse der Werbung oder der Clique). Sie werden teils als berechtigt anerkannt, teils aber auch als einengend empfunden. *Wer darf über mich bestimmen?* Wem muss, wem will ich Macht über mich einräumen, wem nicht? Die

---

[23] Vgl. hierzu Bärbel Husmann/Thomas Klie, Gestalteter Glaube, S. 132f.

Taufe macht in dieser Situation deutlich, dass Christen freie Menschen sind. *Gott macht mich frei!* Ich gehöre zu Jesus Christus. Er kennt mich im Innersten. Er weiß, was gut für mich ist und kann mir helfen, als ich selbst zu leben. Menschen haben keine letzte Macht über mich.[24] Diese Freiheit, die in der Tauffeier durch die Bezeichnung mit dem Kreuz (obsignatio crucis) ihren sichtbaren Ausdruck findet, ist Geschenk und Aufgabe zugleich.

- Jugendliche suchen nach tragfähigen Beziehungen. Sie suchen eine Gruppe, der sie sich anschließen können und in der sie mit ihrer Art zu leben ernst genommen und angenommen werden. Sie suchen Menschen, denen sie vertrauen können und die ihnen Halt geben. Das müssen nicht nur Gleichaltrige sein. Auch Erwachsene sind als Gesprächspartner gefragt. Gerade im Jugendalter geht dabei der Blick über die eigene Familie hinaus. Außerhalb des Elternhauses gehen Jugendliche auf die Suche nach Menschen, die Orientierung geben können.[25] *Wo gehöre ich dazu?* Diese Frage taucht auf, wenn die Loslösung von den Eltern beginnt. Wem kann ich mich anschließen? Wo finde ich Heimat? Die Taufe gibt hierauf eine Antwort: Wer getauft ist, gehört zu Jesus Christus und ist Glied am Leib Christi. Getauft sein heißt: *Ich bin Teil einer großen*

---

[24] Zur Taufe als Herrschaftswechsel und Übereignung an Christus vgl. Helmut Hoping, Das Mysterium der Taufe. Heilszeichen und Grund christlicher Identität, in: Benedikt Kranemann/Gotthard Fuchs/Joachim Hake (Hg.), Wiederkehr der Rituale. Zum Beispiel die Taufe, Stuttgart 2004, S. 99-117, hier S. 103-107. Zur Bedeutung der Taufe als Begrenzung menschlicher Besitzansprüche auf den Getauften vgl. Claudia Hofrichter, Täglich neu in die Taufe hineinkriechen. Ein Monopol als pastorale Chance, in: Benedikt Kranemann/Gotthard Fuchs/Joachim Hake (Hg.), Wiederkehr der Rituale, S. 119-142, hier S. 127.

[25] James W. Fowler spricht davon, dass sich Menschen auf einer bestimmten Entwicklungsstufe des Glaubens an „persönlich wertvolle[n] Vertreter[n] von Glaubens- und Wertetraditionen“ (zitiert nach: Friedrich Schweitzer, Lebensgeschichte und Religion. Religiöse Entwicklung und Erziehung im Kindes- und Jugendalter, Gütersloh [3]1994, S. 142; vgl. a.a.O., S. 146-148) orientieren.

Gemeinschaft.[26] Diese Gemeinschaft, der Leib Christi, verbindet Menschen über Länder- und Generationengrenzen hinweg.

- All diese Fragen konzentrieren sich in der *einen* großen Frage des Jugendalters, in der Frage nach der eigenen Identität.[27] *„Wer bin ich?“*, ist *die* Frage, auf die Jugendliche eine Antwort suchen. Die Antwort der Taufe auf die Frage nach der Identität lautet: *„Ich bin Gottes Sohn/Tochter!“*[28] Aus meiner Beziehung zu Gott erhalte ich meine Identität, meine Würde und meinen Wert; als Sohn/Tochter Gottes bin ich frei; ich bin beauftragt zum Guten und bin verbunden mit anderen Christinnen und Christen in der Gemeinschaft des Leibes Christi.[29]

Lebensfern ist die Taufe von ihrem spezifischen Inhalt her für Jugendliche somit keineswegs. Eher im Gegenteil: Nur wenige Themen in der Konfirmandenzeit rühren so an den Kern des eigenen Lebens wie die Frage nach der Taufe. Allerdings gilt es nun, dem im Konfirmandenunterricht auch Raum zu geben und die Möglichkeit zu bieten, damit Erfahrungen zu machen.

---

[26] Vgl. zu diesem Aspekt v.a. die Berliner Tauftthesen: „Die Taufe ist das Sakrament der Gemeinschaft“ (Möller, Kirche, die bei Trost ist, S. 130). Aus dieser Erkenntnis werden sozialethische Konsequenzen gezogen; vgl. ebd.

[27] Dies hat v.a. Erik H. Erikson herausgestellt. Vgl. hierzu die Darstellung bei August Flammer, Entwicklungstheorien. Psychologische Theorien der menschlichen Entwicklung, Bern/Stuttgart/Toronto 1988, S. 97f.

[28] Vgl. zu diesem Aspekt der Taufe, der schon in der Alten Kirche deutlich hervorgehoben wurde, Hubertus Lutterbach, Erste Taufe, Zweite Taufe, Wiedertaufe – Im Ringen um entschiedenes Christentum. Ein kulturhistorischer Durchblick, in: Benedikt Kranemann/Gotthard Fuchs/Joachim Hake (Hg.), Wiederkehr der Rituale, S. 17-46, hier S. 23-27.

[29] All diese Aspekte gehören inhaltlich zur Gotteskindschaft dazu. Insofern umfasst der letzte Aspekt der Gotteskindschaft alle vorangegangenen auch theologisch.

2.4 „Meine Taufe sagt mir, wer ich bin“ – eine Unterrichtseinheit zum Thema „Taufe“ für den Konfirmandenunterricht

Die folgende Unterrichtseinheit enthält Vorschläge, wie die oben genannten zentralen Aspekte der Taufe für Jugendliche erfahrungsorientiert so erschlossen werden können, dass ihre lebensgeschichtliche Relevanz deutlich wird. Der Fokus auf Erfahrungsmöglichkeiten und lebensgeschichtliche Plausibilität führt dazu, dass in dieser Einheit manches nicht vermittelt wird, was üblicherweise beim Thema „Taufe“ zum Standard gehört. Insbesondere Sachinformationen werden nur beiläufig vermittelt und haben einen eher geringen Stellenwert.

Als Organisationsform sind ein ganzer Samstag oder eine Wochenendfreizeit ideal, weil man so die einzelnen Aspekte der Taufe Schritt für Schritt ohne große Unterbrechungen gemeinsam erarbeiten kann. Wird die Einheit an mehreren Nachmittagen durchgeführt, empfiehlt es sich, die Plakate der Einführung (s.u.) im Raum zu belassen bzw. je neu aufzuhängen, sodass sie die ganze Einheit über sichtbar sind. Größere Gruppen kann man teilen und die einzelnen Aspekte parallel behandeln.

Einführung: Meiner Taufe auf der Spur

Zu Beginn werden die Konfirmandinnen und Konfirmanden in das Thema eingestimmt.

- Im Raum sind vier große Plakate aufgehängt. Darauf stehen die Fragen „Was bin ich wert?“, „Was soll ich tun?“, „Wer darf über mich bestimmen?“ und „Wo gehöre ich dazu?“. Die Jugendlichen betrachten die Plakate und schreiben mögliche Antworten auf die Fragen darauf: Was würde ich auf diese Fragen antworten? Was könnten meine Mitschüler/innen antworten? Die Antworten auf den Plakaten werden zum Schluss vorgelesen, aber nicht kommentiert oder bewertet.

- Die/der Unterrichtende kündigt an, dass es in der folgenden Unterrichtseinheit um diese Fragen gehen wird – und zwar im Zusammenhang mit dem Thema „Taufe".

Aspekt 1: Gott hat mir das Leben geschenkt

Die Konfirmandinnen und Konfirmanden vergegenwärtigen sich, dass ihr Leben ein Geschenk ist. Sie entdecken, was Gott ihnen persönlich geschenkt hat und werden angeregt über das Wunder ihres Lebens zu staunen.

- Die Konfirmandinnen und Konfirmanden suchen sich eine Partnerin/einen Partner, die/der sie gut kennt. Die Paare erzählen sich gegenseitig, was sie aneinander gut finden. Sie gestalten anschließend jeweils einen Steckbrief für die Partnerin/den Partner, der folgendes enthalten soll: Name; Geburtsdatum; was mir an deinem Aussehen gefällt; eine Eigenschaft an dir, die ich besonders gut finde; was du besonders gut kannst. Sie machen von ihrer Partnerin/ihrem Partner mit der Digitalkamera ein Foto, das mit auf den Steckbrief geklebt wird.
- Die Steckbriefe werden aufgehängt und von der ganzen Gruppe (unkommentiert) betrachtet.
- Die Jugendlichen lesen M1. Sie erhalten als Arbeitsauftrag: Was empfindest du, wenn du diese Sätze liest? Denke darüber nach und versuche dann ein Gebet zu schreiben, in dem du Gott für das Geschenk deines Lebens dankst. Der Psalmvers kann darin vorkommen. – Die Gebete werden nicht vorgelesen.

- Unterrichtende/r und Konfirmand/innen singen gemeinsam das Lied „Vergiss es nie“[30].

Aspekt 2: Gott ist stärker als das Böse und er kann mir Kraft schenken, das Gute zu tun

Die Konfirmandinnen und Konfirmanden denken über gutes und böses Tun nach. Sie lernen, dass die Taufe ein Reinigungsbad ist, und eignen sich diesen Gedanken an.

- Die/der Unterrichtende legt zwei leere Plakate aus, eines mit der Überschrift „Gutes tun“, das andere mit der Überschrift „Böses tun“. Die Konfirmandinnen und Konfirmanden schreiben auf die Plakate passende Beispiele aus ihrer Lebenswelt (Arbeitsauftrag: Was können Jugendliche an Gutem tun? Was tun Jugendliche manchmal an Bösem?).
- Die Beispiele werden gewürdigt.
- Die/der Unterrichtende liest aus der Taufagende die abrenuntiatio vor[31] und erläutert ihre Bedeutung für die Taufe (Taufe als Reinwaschung und Absage an böse Kräfte, die uns von Gott trennen wollen; Taufe als Beauftragung sich für das Gute einzusetzen; Taufe als Zusage Gottes, dass er uns Kraft zum Guten schenkt).
- Die Konfirmandinnen und Konfirmanden erhalten weißes Papier im Format DIN A4 und schwarzes Papier im Format DIN A5. Sie kleben das schwarze Papier so auf das weiße, dass ein A4-Blatt im Querfor-

---

[30] Dieses Lied findet sich in: Feiert Jesus! Das Jugendliederbuch, Stuttgart 1995, Nr. 231.

[31] Die abrenuntiatio findet sich z.B. in: Kirchenleitung der Vereinigten Evangelisch-Lutherischen Kirche Deutschlands/Rat von der Kirchenkanzlei der Evangelischen Kirche der Union, Konfirmation Agende, S. 61f. – Problematisch an dieser Formulierung ist allerdings u.E. die Absage an die „bösen Gedanken“. Schon die alte Mönchstradition weiß davon, dass Gedanken kommen und gehen – nicht dafür ist ein Mensch verantwortlich, jedoch dafür, ob aus schlechten Gedanken Taten werden. Vgl. Evagrius Ponticus, Praktikos. Über das Gebet, Münsterschwarzach 1986, S. 35.

mat entsteht, dessen linke Hälfte schwarz und dessen rechte Hälfte weiß ist. Sie zeichnen auf ein extra Papier eine Taufschale und eine Taufkanne, schneiden sie aus und kleben sie genau auf die Grenze zwischen schwarz und weiß. Dann schreiben sie in die schwarze Hälfte (mit Silberstift, weißem Holzstift oder weißem Edding) Beispiele für „Böses tun", in die weiße Hälfte Beispiele für „Gutes tun". Am Ende schreiben sie als Überschrift auf ihr Blatt „Taufe: Gott schenkt mir Kraft zum Guten."

- Die Bilder werden ausgelegt und von der ganzen Gruppe (unkommentiert) betrachtet.
- Danach ergänzen die Jugendlichen in Einzelarbeit den Satz „Ich bin getauft. Deshalb will ich in Zukunft nicht mehr..." (auf die Rückseite ihres A4-Papieres geschrieben). Die Ergebnisse werden nicht vorgelesen.

Aspekt 3: Gott sagt mir zu: Du bist frei!

Die Konfirmandinnen und Konfirmanden vergegenwärtigen sich, welchen Erwartungen und Zwängen sie ausgesetzt sind. Diese werden mit dem frei machenden Glauben an Jesus Christus (vgl. z.B. Gal 5,1) und mit der Bedeutung der Taufe kontrastiert.

- Die Jugendlichen betrachten die Karikatur „Wer zieht an mir".[32] Sie überlegen sich in einem ersten Schritt, wie dieser Mensch sich fühlt. Danach sammeln sie, welche Personengruppen Einfluss auf Jugendliche auszuüben versuchen.

---

[32] Die Karikatur findet sich in Hans-Martin Lübking, Kursbuch Konfirmation. Das neue Programm. Ein Arbeitsbuch für Konfirmandinnen und Konfirmanden, Düsseldorf 2005, S. 82. Sie zeigt einen Menschen, der ein Schild mit der Aufschrift „Ich" in der Hand hält. Mensch und Schild sind recht klein gezeichnet. Der Mensch hängt – einer Marionette gleich – an vielen Fäden, an deren Enden Hände angedeutet sind.

- Die Konfirmandinnen und Konfirmanden erarbeiten in Gruppen arbeitsteilig, welchen (Rollen-)Erwartungen Jugendliche von den verschiedenen Personengruppen ausgesetzt sind. Mit Hilfe von M2a-c vergegenwärtigen sie sich in drei Gruppen, welche Erwartungen Eltern, Freunde und Wirtschaft (z.B. Unterhaltungsindustrie, Hersteller von Sportartikeln etc.) an Jugendliche stellen. Sie überlegen, wie diese Erwartungen begründet werden, wie sie zu bewerten sind (berechtigt/unberechtigt) und welche Reaktionen von Seiten der Jugendlichen auf Erwartungen möglich sind, die als unberechtigt empfunden werden.
- Die Ergebnisse werden in der Gesamtgruppe vorgestellt und jeweils diskutiert.
- Die Jugendlichen lesen M3. Sie unterstreichen den Satz, der ihnen je persönlich am wichtigsten ist. Sie erhalten ein Blatt mit einem Kreuz in der Mitte und schreiben diesen Satz in das Kreuz. Sie gestalten das Kreuz so aus, dass es zu dem ausgesuchten Satz passt.
- Die/der Unterrichtende weist auf die obsignatio crucis bei der Taufe hin: „Bei der Taufe wird dem Täufling mit dem Finger ein Kreuz auf die Stirn gezeichnet. Wer getauft ist, ist frei in Jesus."
- Die Konfirmandinnen und Konfirmanden gestalten das Blatt mit ihrem Kreuz noch weiter, indem sie ihren Namen und ihr Taufdatum neben das Kreuz schreiben. Jugendliche, die noch nicht getauft sind, schreiben den Termin ihrer Taufe hinein.
- Die Jugendlichen versammeln sich im Stuhlkreis um eine gestaltete Mitte. In der Mitte sind nicht angezündete Teelichter zu einem Kreuz gelegt; die Zahl der Lichter entspricht der Zahl der Teilnehmenden. Die Jugendlichen legen ihr Blatt mit dem Kreuz in der Mitte ab und entzünden ein Teelicht. Dabei fassen sie in der Stille einen Vorsatz für ihr Leben: Wo und von wem will ich mich in Zukunft mehr, wo und von

wem weniger beeinflussen lassen? Der/die Unterrichtende liest abschließend nochmals M3 vor.

Aspekt 4: Ich bin Teil einer großen Gemeinschaft

Die Konfirmandinnen und Konfirmanden vergegenwärtigen sich ihre Erfahrungen mit dem Thema „Gemeinschaft", erarbeiten sich die Besonderheiten der christlichen Gemeinde und setzen beides in Beziehung zueinander.

- Die Jugendlichen beschäftigen sich in Kleingruppen mit dem Stichwort „Gemeinschaft". Sie erhalten dazu als Arbeitsanweisung M4. Die Gruppen stellen sich ihre Ergebnisse gegenseitig vor.
- Die Konfirmandinnen und Konfirmanden beschäftigen sich in Einzelarbeit mit 1. Kor 12 in Auswahl (M5) und beantworten die in M5 genannten Fragen zu diesem Text. Die Ergebnisse werden in der Großgruppe besprochen.
- Die Jugendlichen erinnern sich noch einmal an die Kennzeichen für eine gute Gemeinschaft, die sie herausgearbeitet haben, und an das, was Paulus über die christliche Gemeinschaft sagt. Sie überlegen sich dann: Wie müsste die Kirche sein, dass sie sowohl zu dem passt, was Paulus über die christliche Gemeinschaft schreibt, als auch zu den eigenen Vorstellungen von einer guten Gemeinschaft. Sie formulieren ihre Ideen in einem Brief an die Kirche („Liebe Kirche"). In dem Brief kann thematisiert werden: was mir an der Kirche gefällt; was ich nicht verstehe/wo ich Fragen habe; was mir nicht gefällt; was ich mir von der Kirche wünsche. Die Briefe können in Einzel- oder in Partnerarbeit geschrieben werden und sollten anonym verfasst und mit einem Nickname unterschrieben werden. Die Briefe können dann eingesammelt und an Mitglieder des Ältestenkreises/Presbyteriums/

Kirchenvorstands und/oder andere Mitarbeitende in der Gemeinde verteilt werden. Diese schreiben den Konfirmandinnen und Konfirmanden einen Antwortbrief.

Aspekt 5: Ich bin Gottes Sohn/Tochter

Die Konfirmandinnen und Konfirmanden erarbeiten sich verschiedene Bedeutungsaspekte der Gotteskindschaft, teils neu, teils die bisherigen Schritte wiederholend. Abschließend werden alle bisherigen Überlegungen zur Taufe gebündelt und je persönlich kreativ mit dem eigenen Leben in Beziehung gesetzt.

- Die Konfirmandinnen und Konfirmanden sitzen im Stuhlkreis, in der gestalteten Mitte liegt ein DIN A3-Blatt mit der Aufschrift „VIP“.
- Im Unterrichtsgespräch wird besprochen: Was bedeutet die Abkürzung VIP? Welche Beispiele für VIPs kennt ihr?
- Der/die Unterrichtende sagt: Jeder und jede von euch ist ein VIP! Dann werden eine Taufschale und eine Taufkanne zu dem DIN A3-Blatt in die Mitte gestellt. Ein zweites DIN A3-Blatt mit der Aufschrift „Gottes Sohn/Gottes Tochter“ wird dazu gelegt. Der/die Unterrichtende deutet die Symbolhandlung: Mit der Taufe sagt Gott zu jedem Menschen: Du bist ein VIP für mich. Du bist mein Sohn/meine Tochter!
- Die Konfirmandinnen lesen M6b, die Konfirmanden M6a. Sie sprechen über die Frage: Was ist euer Eindruck, wenn ihr den Text lest: Was ist das Besondere an einem Sohn/einer Tochter Gottes?
- Die wichtigsten in diesem Text enthaltenen Aspekte (Gott versteht mich; Ich kann Gott alles sagen; Gott lässt mich nicht allein; Gott hält zu mir, auch wenn ich mal Mist gebaut habe) werden auf Papierstreifen geschrieben und in die Mitte gelegt.

- Dazu werden weitere beschriftete Papierstreifen gelegt, die die bisherigen Aspekte von Taufe aufnehmen: „Ich darf leben.“, „Ich bin frei.“, „Gott schenkt mir Kraft zum Guten.“; „Ich gehöre in eine große Gemeinschaft.“; der/die Unterrichtende erinnert dabei an die bisherigen Schritte und weist darauf hin, dass alle diese Aspekte zusammen einen Sohn Gottes/eine Tochter Gottes ausmachen.
- Die Konfirmandinnen und Konfirmanden gestalten zum Abschluss der Einheit ein großes Plakat zum Thema „Was mir an der Taufe wichtig geworden ist“, das Aspekte der Einheit aufnimmt. Dazu betrachten sie zunächst noch einmal in Ruhe ihre bisherigen Arbeitsergebnisse aus der gesamten Einheit. Sie können das Plakat als Collage gestalten, mit Wachsmalkreide oder mit bunter Tafelkreide (bei letzterem auf schwarzem Karton; zum Schluss mit Haarspray fixieren, dann glänzt das Plakat). Der Name der Konfis soll in jedem Fall auf dem Plakat zu sehen sein, evtl. auch als Überschrift „Ich bin getauft“.
- Die fertigen Plakate werden ausgelegt/aufgehängt und still betrachtet.

Abschluss: Ich bin getauft – ein Gottesdienst mit Taufe und Tauferinnerung

Den Abschluss der Unterrichtseinheit bildet eine Tauferinnerungsfeier. Hier erhalten die Jugendlichen die Möglichkeit, sich das, was in der Unterrichtseinheit erarbeitet wurde, in einem gottesdienstlichen Rahmen existenziell anzueignen.

Gehören noch nicht getaufte Jugendliche zur Gruppe, dann besteht die Möglichkeit, ihre Taufe im Rahmen dieses Tauferinnerungsgottesdienstes zu feiern. Die Taufe in der Konfirmandengruppe hat für die Täuflinge den Vorteil, dass sie nicht so herausgehoben sind wie bei einer Taufe im (traditionellen) Gemeindegottesdienst. Die Verbindung von Taufe und

Tauferinnerung hat zudem zur Folge, dass es bei der Tauffeier keine Trennung in Zuschauer und Beteiligte gibt. Alle Jugendlichen sind beteiligt, mit allen passiert etwas. Dies kann zu einem intensiven Erlebnis für die gesamte Gruppe werden. Zugleich hilft es den Täuflingen dabei, die eigene Taufe als besonderes Fest und nicht als peinliche Zurschaustellung zu erleben. Die Eltern und Paten der Täuflinge können zu diesem Gottesdienst eingeladen werden. Ein gemeinsames Mittag- oder Abendessen im Anschluss unterstreicht den festlichen Charakter der Tauffeier.
Falls alle Konfirmandinnen und Konfirmanden, die zur Gruppe gehören, bereits getauft sind, entfällt die Taufe. Alle feiern dann gemeinsam die Erinnerung an die eigene Taufe.
Sofern es räumlich möglich ist, empfiehlt es sich den Tauferinnerungsgottesdienst in der Kirche/im Gottesdienstraum zu feiern. Die Konfirmanden sitzen im Kreis um den Taufstein herum. Folgender Verlauf ist möglich:

- Begrüßung (mit freien Worten)
- Gemeinsames Lied (z.B. „Leben aus der Quelle“ oder „Vergiss es nie“)
- Psalmgebet: Psalm 1 im Wechsel
- Kurzansprache; dabei werden die Fragen vom Anfang und die verschiedenen Aspekte der Taufe, die im Unterricht erarbeitet wurden, noch einmal kurz aufgegriffen; z.B.: „Wir haben miteinander überlegt, was die Taufe bedeutet. Und dabei ist deutlich geworden, dass die Taufe mit den wichtigen Fragen im Leben zu tun hat: Viele Menschen fragen sich: Was bin ich wert? Unsere Taufe sagt uns: Wir sind unendlich wertvoll, weil Gott uns geschaffen hat, weil er will, dass wir leben. Viele fragen sich: Was soll ich tun in meinem Leben? Unsere Taufe sagt uns: Wir sollen gegen das Böse kämpfen und uns für das Gute einsetzen; Gott schenkt uns Kraft dazu. Viele Menschen fragen

sich: Wer darf über mich bestimmen? Unsere Taufe sagt uns: Wir gehören zu Jesus, deshalb sind wir frei. Kein Mensch darf völlig über unser Leben bestimmen. Viele fragen sich: Wo gehöre ich dazu? Unsere Taufe sagt uns: Wir gehören zu einer großen Gemeinschaft. Überall auf der Welt leben Christinnen und Christen. Wir sind mit ihnen verbunden.

Zu all diesen Fragen sagt uns die Taufe etwas. Und sie sagt uns damit auch: Wir sind Söhne und Töchter Gottes, VIPs für ihn. Das wollen wir nun auch neu spüren, wenn wir [zuerst NN taufen und] uns [dann] an unsere eigene Taufe erinnern."

- Wassermeditation (nach M7)
- [Taufe: mit Taufbefehl, abrenuntiatio, Glaubensbekenntnis, Tauffrage, Taufe und Verlesen des Taufspruchs][33]
- Aktion zur Tauferinnerung (nach M8)
- Gebet
- Gemeinsames Vater unser
- Gemeinsames Lied (z.B. „Bewahre uns, Gott" [EG 171] oder „Komm, Herr, segne uns" [EG 170])
- Segen

Erfahrungen mit der Unterrichtseinheit aus der Praxis

Wir haben die Erfahrung gemacht, dass Konfirmandinnen und Konfirmanden durch die hier skizzierten Unterrichtsschritte angeleitet werden, sich existenziell mit der Taufe auseinanderzusetzen. Besonders die Botschaft, dass ich als Getaufte/r Gottes Sohn bzw. Tochter bin, hat bei einigen Jugendlichen tiefen Eindruck hinterlassen, wie aus den (anonym

[33] Segnung und obsignatio crucis finden in Zusammenhang mit der Tauferinnerung statt.

verfassten) Rückmeldungen zur Unterrichtseinheit deutlich wurde. Bei der Tauferinnerungsfeier ist uns der große Ernst aufgefallen, mit dem die meisten Konfirmandinnen und Konfirmanden bei der Sache waren. Offensichtlich waren sie gerade für dieses Ritual sehr empfänglich.

Florian und Sebastian haben sich übrigens auf ihren eigenen Wunsch hin kurz nach der Unterrichtseinheit im traditionellen Sonntagsgottesdienst taufen lassen, mit Jackett und Turnschuhen bekleidet und mit Kaugummi im Mund. Wir hatten den Eindruck: Genau so hat es zu ihnen gepasst!

M 1

Dein Leben – ein Geschenk

Warum lebst du?

Manche sagen: Das ist Zufall.
Andere sagen: Du lebst, weil deine Eltern dir das Leben gegeben haben.
Wieder andere sagen: Du bist eine Laune der Natur.

Christinnen und Christen glauben: Du lebst, weil einer dich gewollt hat. Gott wollte, dass es dich gibt. Dein Leben ist sein großes Geschenk an dich.

Vielleicht bist du als kleines Kind getauft worden. Dann haben deine Eltern mit der Taufe Gott „danke“ gesagt: danke für dein Leben.

Vielleicht wirst du jetzt in der Konfirmandenzeit getauft. Dann sagst du selbst mit deiner Taufe Gott „danke“: Danke dafür, dass er dir dein Leben geschenkt hat. Danke für das Wunder deines Lebens.

Egal, ob du als kleines Kind getauft worden bist oder ob du als Konfirmand/Konfirmandin getauft wirst – deine Taufe erinnert dich daran: Du hast dir dein Leben nicht verdient, du hast es geschenkt bekommen. Gott hat es dir gegeben und deshalb ist es sehr kostbar.

Dein Leben – es ist Gottes Geschenk an dich. Ein Wunder. Ein Grund zum Staunen. Ein Grund um Gott zu danken. So wie ein Beter in der Bibel. Er sagt zu Gott: „Ich danke dir dafür, dass ich wunderbar gemacht bin!“ (Psalm 139,14)

M 2a

Jugendliche und ihre Eltern

Sprecht in eurer Gruppe über folgende Fragen:

1. Was erwarten Eltern von Jugendlichen?
2. Wie werden die verschiedenen Erwartungen begründet?
3. Welche Erwartungen sind eurer Meinung nach berechtigt, welche nicht? Unterstreicht mit zwei unterschiedlichen Farben.
4. Was tut ihr, wenn die Eltern Erwartungen haben, die eurer Meinung nach nicht berechtigt sind?

Schreibt die Antworten auf.

Bestimmt eine Sprecherin/einen Sprecher, die/der eure Ergebnisse in der Gesamtgruppe vorstellt.

Gesamtarbeitszeit: 15 Minuten.

M 2b

Jugendliche und ihre Freunde/ihre Clique

Sprecht in eurer Gruppe über folgende Fragen:

1. Was erwarten Freunde von Jugendlichen?
2. Wie werden die verschiedenen Erwartungen begründet?
3. Welche Erwartungen sind eurer Meinung nach berechtigt, welche nicht? Unterstreicht mit zwei unterschiedlichen Farben.
4. Was tut ihr, wenn eure Freunde Erwartungen haben, die eurer Meinung nach nicht berechtigt sind?

Schreibt die Antworten auf.

Bestimmt eine Sprecherin/einen Sprecher, die/der eure Ergebnisse in der Gesamtgruppe vorstellt.

Gesamtarbeitszeit: 15 Minuten.

M 2c

Jugendliche und die Wirtschaft (Unterhaltungsindustrie etc.)

Sprecht in eurer Gruppe über folgende Fragen:

1. Was erwartet die Wirtschaft (z.B. Unterhaltungsindustrie, Hersteller von Sportartikeln etc.) von Jugendlichen?
2. Wie werden die verschiedenen Erwartungen begründet?
3. Welche Erwartungen sind eurer Meinung nach berechtigt, welche nicht? Unterstreicht mit zwei unterschiedlichen Farben.
4. Was tut ihr, wenn die Wirtschaft Erwartungen hat, die eurer Meinung nach nicht berechtigt sind?

Schreibt die Antworten auf.

Bestimmt eine Sprecherin/einen Sprecher, die/der eure Ergebnisse in der Gesamtgruppe vorstellt.

Gesamtarbeitszeit: 15 Minuten.

M 3

Frei sein!

Du bist mit dem Kreuz bezeichnet.
Seit deiner Taufe erinnert es dich daran:
Du gehörst zu Jesus.
Er ist gestorben, damit du leben kannst.
Er geht mit dir auf deinem Lebensweg.

Du bist mit dem Kreuz bezeichnet.
Es verbindet dich mit Jesus.
Er soll deine Gedanken bestimmen.
Nicht was die anderen sagen –
was Jesus sagt, soll dich interessieren.

Du bist mit dem Kreuz bezeichnet.
Du musst nicht mehr alles tun, was andere dir sagen.
Du bist frei.
Frei deinen eigenen Weg zu finden.
Frei auf IHN zu hören.
Frei du selbst zu werden.
Er hilft dir dabei.

Du bist mit dem Kreuz bezeichnet.
Du bist frei – in Jesus!

M 4

Gruppenarbeit zum Thema „Gemeinschaft"

1. Überlegt euch zunächst jede/r für sich allein, welche Erfahrungen ihr bisher mit Gemeinschaft gemacht habt! Die folgenden Fragen können euch beim Überlegen helfen:
   - Wie ist die Gemeinschaft in deiner Familie?
   - Wie in deiner Klasse und wie in deinem Freundeskreis?
   - Wie empfindest du die Gemeinschaft hier im Konfirmandenunterricht?
   - Hast du schon einmal eine richtig gute Gemeinschaft erlebt, z.B. auf einer Freizeit, bei einem gemeinsamen Projekt oder bei einer anderen Gelegenheit? Wie war das? Was war das Besondere dabei?
   - Hast du auch schon das Gegenteil erlebt, dass in einer Gruppe jemand ausgeschlossen war, du selbst oder andere? Wie war das?
   - Schreibe ein paar Gedanken dazu auf!
2. Erzählt euch gegenseitig von euren Erfahrungen! Überlegt gemeinsam: Worauf kommt es bei einer guten Gemeinschaft an? Schreibt auf, was euch dabei wichtig ist!
3. Überlegt nun, wie ihr eure Gedanken den anderen vorstellen wollt. Ihr könnt ein kurzes Theaterstück zum Thema „Gemeinschaft" einüben oder ein Bild malen oder ein Plakat gestalten oder euch eine Geschichte ausdenken (evtl. als Fotostory) oder…
4. Legt zum Schluss genau fest, wer bei der Präsentation was übernimmt und übt eure Präsentation.

M 5

Die christliche Gemeinde – eine starke Gemeinschaft!

Paulus schreibt den Christinnen und Christen in Korinth, was das Besondere an der christlichen Gemeinde ist:

Man kann die Gemeinschaft derer, die zu Jesus gehören, mit dem Körper eines Menschen vergleichen: Er hat viele Körperteile, aber er ist trotzdem *ein* Körper. Wir alle, so unterschiedlich wir sind, gehören durch die Taufe zu dieser Gemeinschaft und bei uns allen wirkt Gott durch seinen Heiligen Geist.
Der Körper eines Menschen besteht nicht aus einem einzigen Körperteil, sondern aus vielen Körperteilen. Wenn der Fuß sagt: „Ich gehöre nicht zum Körper, weil ich keine Hand bin!" – ist er damit etwa kein Körperteil mehr? Oder wenn das Ohr sagt: „Ich gehöre nicht zum Körper, weil ich kein Auge bin!" – ist es damit etwa kein Körperteil mehr? Wie könnte ein Mensch hören, wenn er nur aus Augen bestünde? Und wie könnte er riechen, wenn er nur Ohren hätte?
Das Auge kann nicht zur Hand sagen: „Ich brauche dich nicht!" Und der Kopf kann nicht zu den Füßen sagen: „Ihr seid überflüssig!" Wenn es einem Körperteil schlecht geht, geht es dem ganzen Menschen schlecht. Und wenn sich ein Körperteil gut fühlt, wirkt sich das positiv auf den ganzen Menschen aus!
So wie bei einem menschlichen Körper ist es in der Gemeinde. Ihr seid alle zusammen eine Gemeinschaft, die durch Jesus zusammengehalten wird. Es ist so als ob ihr sein Körper wärt – jede und jeder von euch ein Körperteil, mit einer besonderen Aufgabe und unersetzlich.
nach 1. Korinther 12,12-17.21.26-27

Fragen zum Bibeltext:

1. Was ist das Besondere an der Gemeinschaft, die Paulus hier beschreibt?
2. Welche Bedeutung hat die Taufe bei dieser Gemeinschaft?

M 6a (für Jungen)[34]

Wer bin ich?

Wer bin ich?
Das frage ich mich manchmal.

Bin ich so, wie ich mich bei meinen Freunden gebe:
Cool und locker, immer einen dummen Spruch auf den Lippen?

Oder bin ich so, wie ich mich manchmal fühle, wenn ich allein bin:
Unsicher und ängstlich,
voller Fragen und Zweifel?

Wer bin ich?
Was sagen die anderen? Und was denke ich selbst?
Bin ich heute der und morgen ein anderer?
Manchmal verstehe ich mich selbst nicht.

Wer bin ich?
Gut, dass es einen gibt, der mich kennt.
Gut, dass einer da ist, der weiß, wie es mir geht.
Da muss ich nichts erklären, keine großen Worte machen.
Er kennt mich und sagt: Du gehörst zu mir.
Ich bin dein Vater und du mein Sohn.
Ich lasse dich nicht allein.
Auch wenn du mal Mist baust – ich bin immer für dich da!

Wer bin ich?
Gott kennt mich. Ich kann ihm alles sagen.
Er versteht mich und weiß, wer ich bin.
Und ich weiß, dass ich zu ihm gehöre.
Meine Taufe erinnert mich daran: Ich bin sein Sohn.
Gott sei Dank!

---

[34] M6a und 6b ist in Anlehnung an Dietrich Bonhoeffers Gedicht „Wer bin ich" formuliert.

M 6b (für Mädchen)

Wer bin ich?

Wer bin ich?
Das frage ich mich manchmal.

Bin ich so, wie ich mich bei meinen Freundinnen gebe:
Locker und lustig, attraktiv und selbstbewusst?

Oder bin ich so, wie ich mich manchmal fühle, wenn ich allein bin:
Unsicher und ängstlich,
voller Fragen und Zweifel?

Wer bin ich?
Was sagen die anderen? Und was denke ich selbst?
Bin ich heute die und morgen eine andere?
Manchmal verstehe ich mich selbst nicht.

Wer bin ich?
Gut, dass es einen gibt, der mich kennt.
Gut, dass einer da ist, der weiß, wie es mir geht.
Da muss ich nichts erklären, keine großen Worte machen.
Er kennt mich und sagt: Du gehörst zu mir.
Ich bin dein Vater und du meine Tochter.
Ich lasse dich nicht allein.
Auch wenn du mal Mist baust – ich bin immer für dich da!

Wer bin ich?
Gott kennt mich. Ich kann ihm alles sagen.
Er versteht mich und weiß, wer ich bin.
Und ich weiß, dass ich zu ihm gehöre.
Meine Taufe erinnert mich daran: Ich bin seine Tochter.
Gott sei Dank!

M 7

Wassermeditation zur Taufe

Zu jeder Taufe gehört Wasser. Das hat seinen Grund. In der Bibel hat Wasser nämlich eine ganz besondere Bedeutung:

Ganz am Anfang wird in der Bibel erzählt, wie Gott die Welt erschafft. Er lässt aus dem Wasser Leben entstehen. Das Wasser bei der Taufe ist deshalb ein Symbol: Gott schenkt uns das Leben.

Wasser eingießen

Später wird in der Bibel erzählt, dass die Menschen böse sind und sich gegenseitig fertig machen. Da schickt Gott eine große Flut, die alles vernichtet, was böse ist. Wasser bei der Taufe bedeutet auch: Gott wäscht ab, was böse ist und was uns von ihm trennt. Er hilft uns zum Guten.

Wasser eingießen

Weiter wird in der Bibel erzählt, wie das Volk Israel frei gekommen ist. Sklaven waren sie in Ägypten, aber Gott hat sie befreit. Auch dabei spielt Wasser eine Rolle: Mose führt die Israeliten durchs Wasser, die Ägypter ertrinken. Wasser bei der Taufe erinnert uns daran: Gott macht uns frei.

Wasser eingießen

Als Jesus von Johannes dem Täufer mit Wasser getauft wird, kann man Gottes Stimme hören. Gott sagt über Jesus: Er ist mein geliebter Sohn. Das Wasser bei der Taufe macht deutlich: Wir alle sind Gottes Söhne und Töchter, und er sorgt für uns wie ein guter Vater.

Wasser eingießen

Noch einmal spielt Wasser eine wichtige Rolle. Die Bibel erzählt von einer Frau, die an einem Brunnen Wasser schöpft. Jesus sieht sie, er sieht ihren Durst nach Leben. Und er sagt zu ihr: Bei mir wird dein Durst nach Leben gestillt. Meine Worte, meine Taten, sie sind wie Lebenswasser – für dich und für alle Menschen, die mit mir leben wollen. Das Wasser bei der Taufe erinnert uns daran: Jesus stillt unseren Durst nach Leben. Wir leben in Gemeinschaft mit ihm und mit anderen Menschen, die wie wir auf Jesus hören und ihm vertrauen.

Wasser eingießen

Zu jeder Taufe gehört Wasser. Das Wasser zeigt uns: Gott schenkt uns das Leben; er hilft uns zum Guten; er schenkt uns Freiheit; er stellt uns in eine große Gemeinschaft und er sagt uns zu: Du bist mein Sohn/meine Tochter.

M 8

Aktion zur Tauferinnerung

Ihr seid alle getauft. Was das bedeutet, damit habt ihr euch heute im Konfirmandenunterricht beschäftigt. Für jede und jeden einzelnen von euch gilt: Gott hat mir das Leben geschenkt; er schenkt mir Kraft zum Guten; ich bin frei; ich gehöre zu einer großen Gemeinschaft. Ich bin Gottes Sohn/Gottes Tochter. Seit eurer Taufe gilt das – und es soll in eurem Leben Wirklichkeit werden.
Ich möchte euch nun zu einer Aktion einladen, bei der ihr neu spüren könnt, wie wertvoll es ist getauft zu sein. Kommt der Reihe nach einzeln zum Taufstein. Ich werde euch mit dem Taufwasser ein Kreuz auf die Stirn zeichnen.[35] Dadurch könnt ihr spüren und euch daran erinnern, dass ihr getauft seid. Danach werde ich euch zum Segen die Hand auflegen. Das soll euch deutlich machen: Gott geht mit mir, er hilft mir als getaufter Mensch zu leben.

Deutungswort zur obsignatio crucis:
N., du bist getauft und gehörst zu [+] Jesus Christus. Er segne dich und dein Leben. Amen.

---

[35] Möglich ist auch, dass sich die Konfirmandinnen und Konfirmanden mit dem Taufwasser selbst ein Kreuz auf die Stirn zeichnen. Dieses Vorgehen empfiehlt sich, wenn die Berührungsängste in einer Gruppe eher groß sind. Der Nachteil bei dieser Variante ist allerdings, dass der Zuspruchcharakter der Tauferinnerung weniger deutlich wird.

3 Gäste an Gottes Tisch

Konfirmandinnen und Konfirmanden feiern Abendmahl

3.1 Das Abendmahl – faszinierend und verwirrend

Buß- und Bettag in einer Großstadtgemeinde. Ich nehme als normales Gemeindeglied am Abendgottesdienst teil. In den Bankreihen vor mir sitzen etwa zwanzig Konfirmandinnen und Konfirmanden. Sie wirken merkwürdig aufgeregt auf mich. In der Begrüßung des Pfarrers erfahre ich den Grund. Sie haben im Konfirmandenunterricht das Thema „Abendmahl" behandelt und werden heute erstmals an der Abendmahlsfeier teilnehmen. „Gleich gibt's was zu essen", tönt es aus der zweiten Reihe. Zustimmendes Gelächter von den anderen. Nach der Predigt ist es dann endlich soweit. Die Abendmahlsfeier beginnt. Die Konfis sind gleich als erste dran. Sie gehen als geschlossene Gruppe zum Altar – und wissen vor Unsicherheit kaum, wo sie mit ihren Händen hin sollen. Viele müssen kichern, als sie den Kelch gereicht bekommen. Mehr oder weniger geordnet gehen sie nach der Austeilung wieder auf ihre Plätze. Dort haben sie sich viel zu erzählen, vor allem, wie gut es geschmeckt hat. Der Lärm dringt bis in den Altarraum. Es ist offensichtlich, dass sich die übrigen Gottesdienstbesucher in ihrer Andacht empfindlich gestört fühlen. Während des Liedes nach der Abendmahlsfeier kommt der Pfarrer zur Konfirmandengruppe: „Ihr habt wohl überhaupt nicht begriffen, worum es hier geht…!" Die Konfis sind ruhig, schlagartig.

Der evangelische Gottesdienst ist vergleichsweise arm an Aktionen, Gesten und Symbolen. Das Wort steht im Mittelpunkt. Nur selten gibt es etwas, das man mit allen Sinnen erfahren und begreifen kann. So gesehen fällt das Abendmahl im evangelischen Gottesdienst aus dem Rahmen. Und genau das *wirkt* auf Konfirmandinnen und Konfirmanden –

teils faszinierend, teils verwirrend. Die Jugendlichen spüren, dass etwas anders ist als sonst im Gottesdienst. Die Menschen kommen in Bewegung, es gibt etwas zu essen und zu trinken, rätselhafte Worte werden gesprochen und wertvolles Geschirr ist in Gebrauch. Von dem, was da im Altarraum geschieht, geht eine eigenartige Stimmung aus.

Wo das Heilige begegnet, reagieren die Menschen ambivalent.[36] Warum sollte das bei Konfirmanden anders sein? Das Ritual beim Abendmahl wirkt anziehend und befremdend zugleich. Beim Zuschauen – und noch viel mehr, wenn man zum ersten Mal aktiv beteiligt ist. Kein Wunder, dass Jugendliche oft anfangen zu lachen, nicht aus Pietätlosigkeit, sondern aus Unsicherheit. Zu neu, zu ungewohnt ist das, was sie unter Beobachtung der ganzen Gemeinde erleben.

Wo die passenden Deutungsmuster fehlen, versuchen Konfirmandinnen und Konfirmanden auf andere Weise persönliche Betroffenheit auszudrücken: Sie äußern sich lobend oder abfällig über den Geschmack von Brot und Wein oder Saft. Sie ahmen die Gesten des Pfarrers nach oder kommentieren das eigene Verhalten. Was ungehobelt und tollpatschig ausgedrückt wird, kommt bei Erwachsenen leicht als Respektlosigkeit an und wird entsprechend mit Mahnungen oder Tadel beantwortet. Dabei wird meist übersehen, dass das für Erwachsene scheinbar pietätlose Verhalten im Grunde tiefe innere Beteiligung signalisiert. Gerade die oft heftigen Reaktionen von Konfirmandinnen und Konfirmanden auf die erste Teilnahme am Abendmahl zeigen: Hier geschieht auch für scheinbar coole und abgebrühte Teenager etwas Bedeutsames. Und darin liegt eher eine Chance denn eine Gefahr. Wo Jugendliche nämlich innerlich beteiligt sind, sind sie auch zu interessieren und zu begeistern.

---

[36] Darauf hat bereits der Theologe und Religionswissenschaftler Rudolf Otto in seinem 1917 erschienenen Buch „Das Heilige“ hingewiesen. Otto vertritt die These, dass das Heilige dem Menschen stets als erschreckend *und* faszinierend (tremendum et fascinosum) begegnet.

Aus diesem Grund bietet das Thema „Abendmahl" für den Konfirmandenunterricht große Chancen. Man kann die Neugier und die innere Beteiligung der Jugendlichen aufgreifen und – am besten im Vollzug – deuten, was hier geschieht.

3.2 Abendmahl – Fest der Gemeinde

Seit die Arnoldshainer Abendmahlsthesen von 1957 den Reichtum des Abendmahls neu zu Bewusstsein gebracht haben, hat sich das theologische Verständnis des Abendmahls ebenso wie die Abendmahlspraxis in den Gemeinden deutlich gewandelt. Viel stärker als in früheren Jahrhunderten kommt heute die ganze Vielfalt dessen zum Tragen, was geschieht, wenn Menschen miteinander das Mahl des Herrn feiern. Nur kurz sei darauf hingewiesen, dass es hierbei (u.a.) um folgende Aspekte geht:[37]

Mahl der Erinnerung: Christinnen und Christen feiern das Abendmahl als Gedächtnismahl. Jede Mahlfeier spannt den Bogen zurück zu Jesu Leben, erinnert an Jesu Tischgemeinschaft mit Zöllnern und Sündern und an das Passahmahl mit seinen Jüngern in der Nacht vor seinem Tod. In den Einsetzungsworten mahnt Jesus selbst die Gemeinde zur Erinnerung: „Solches tut zu meinem Gedächtnis!"

Mahl der Vergebung: Im klassisch protestantischen Verständnis war das Abendmahl fast ausschließlich ein Mahl der Vergebung. Die Gläubigen bekennen dem heiligen Gott ihre Sünden, erfahren den Zuspruch der

[37] Vgl. zu den verschiedenen Aspekten der Abendmahlsfeier u.a. Klaus Goßmann, Taufe und Abendmahl, in: Comenius-Institut/Verein KU-Praxis (Hg.), Handbuch für die Arbeit mit Konfirmandinnen und Konfirmanden, Gütersloh 1998, S. 273-293, hier S. 283f; Evangelischer Oberkirchenrat Karlsruhe (Hg.): Mit Kindern Abendmahl feiern in der Gemeinde. Eine Handreichung, Karlsruhe 2002, S. 18-20.

Vergebung und feiern das Mahl des Herrn als mit Gott Versöhnte. Wenn ich beim Abendmahl Brot und Wein gereicht bekomme, erfahre ich sinnfällig: Christus hat seinen Leib auch für mich gegeben und sein Blut auch für mich vergossen. Die Erfahrung von Vergebung soll Konsequenzen für das alltägliche Leben haben und dazu führen, auch einander Vergebung zu gewähren.
So wichtig dieser Aspekt der Abendmahlsfeier nach wie vor ist, so wichtig ist es auch zu betonen, dass dies nur *eine* Bedeutung der Mahlfeier ist.

Fest der Auferstehung: In Brot und Wein ist der Auferstandene selbst gegenwärtig. Wie die Emmausjünger beim Brotbrechen Gemeinschaft mit dem auferstandenen Christus erfahren (Lk 24,30f), so schenkt er sich auch der im Abendmahl versammelten Gemeinde in Brot und Wein. Abendmahl ist daher auch ein Fest des Lebens: Die Gemeinde feiert, dass der, der für sie gestorben ist, nicht im Tod geblieben ist; damit drückt sie zugleich ihre Hoffnung aus, dass auch sie nicht im Tod bleiben wird.

Mahl der Gemeinschaft: Schon Paulus deutet Brot und Kelch beim Abendmahl als Symbole der Gemeinschaft (vgl. 1. Kor 10,16f). In der Feier des Abendmahls gewinnt der Leib Christi sichtbar Gestalt. So unterschiedlich die Gemeindeglieder auch sind, durch die Gegenwart des Auferstandenen in Brot und Wein werden sie zu einer Gemeinschaft verbunden.

Mahl der Solidarität: Die Erfahrung der Gemeinschaft hat Folgen für den Umgang miteinander; darauf hat schon Paulus hingewiesen (vgl. 1. Kor. 11,17-34). Im Abendmahl teilen Christinnen und Christen, was Gott ihnen geschenkt hat. Dies hat Folgen für den Alltag, in dem Christen selbst teilen und die Gesellschaft zum Teilen und zur Solidarität ermutigen sollen.

Dank für die Gaben der Schöpfung: Brot und Wein sind Schöpfungsgaben Gottes. Sie symbolisieren das Lebensnotwendige (Brot) und das über das Notwendige Hinausgehende (Wein), das uns Freude und Genuss am Leben schenkt. Beides empfangen Menschen von Gott. Im Abendmahl dankt die Gemeinde dem Schöpfer für seine Gaben.

Stärkung auf dem Weg: Das wandernde Gottesvolk ist unterwegs zum Reich Gottes. Das Mahl des Herrn ist ein Mahl der Stärkung auf dem Weg. Die Begegnung mit dem Auferstandenen schenkt neue Kraft und Orientierung und ermöglicht, gestärkt in den Alltag zurück zu gehen, um dort in der Nachfolge Christi zu leben.

Vorgeschmack auf das Reich Gottes: Jesus selbst setzt das letzte Mahl mit seinen Jüngern in Beziehung zum Reich Gottes und verheißt den Jüngern ein himmlisches Freudenmahl. Die Abendmahlsfeier hält die Erinnerung an diese Verheißung wach und feiert schon hier in der zerrissenen Welt, was einmal in Fülle verheißen ist: Leben in Gemeinschaft mit Gott.

3.3 Konfirmanden und Abendmahl: Herausforderungen

Die wieder entdeckte Fülle der Abendmahlsfeier stellt die Konfirmandenarbeit vor Herausforderungen: Wenn es darum geht, dass Jugendliche den Reichtum und die Fülle der Abendmahls*feier* entdecken können, dann muss der Schwerpunkt auf der Feier selbst liegen. Nicht der Unter-

richt *über* das Abendmahl ist dann entscheidend, sondern die *Feier* des Abendmahls selbst. Der vorausgehende Unterricht zum Thema „Abendmahl" soll für die Jugendlichen eine Hilfe sein, um sich die folgende Feier aktiv aneignen zu können. Er fungiert somit als Deutungshilfe für das folgende Ritual. Diese Deutungshilfe ist zum einen notwendig, weil sie es den Konfirmandinnen und Konfirmanden überhaupt erst ermöglicht, die unterschiedlichen Aspekte des Abendmahls in der Feier wiederzuentdecken und ein Gespür dafür zu bekommen, warum es dabei um mehr geht als um Essen und Trinken; zum anderen, weil sie ihnen dabei hilft, im Verlauf der Abendmahlsfeier existenzielle Bezüge zu ihrem eigenen Leben herzustellen. Diese existenziellen Bezüge können sich bei wiederholter Feier des Abendmahls verdichten, Schwerpunkte können sich herausbilden – wie vermutlich jeder der Unterrichtenden eine eigene Geschichte mit dem Abendmahl hat, bei der in unterschiedlichen Lebenssituationen je unterschiedliche Aspekte existenziell bedeutsam waren.
Zwei klassische Engführungen scheiden damit u.E. aus:

- Wird das Thema „Abendmahl" im Konfirmandenunterricht ganz auf die Sündenvergebung konzentriert, so wird für die Konfirmandinnen und Konfirmanden nicht deutlich, dass Abendmahl mehr ist als eine Beichte, bei der es Brot und Wein gibt. Die Vielschichtigkeit des Abendmahls wird nicht erkennbar.
- Wird im Unterricht nur über das Abendmahl *gesprochen*, während die erste Abendmahls*teilnahme* erst später im Zusammenhang mit der Konfirmation stattfindet, leistet dies dem Missverständnis Vorschub, Abendmahl sei in erster Linie etwas, das man kognitiv verstehen und begreifen muss.

Überblickt man die neuere Diskussion, so stellt man fest, dass diese Engführungen heute kaum noch gegeben sind. Die wenigsten neueren Modelle zum Thema „Abendmahl" stellen das Thema Sündenvergebung exklusiv in den Mittelpunkt.[38] Und auch die erste Abendmahlsfeier findet immer seltener erst am Tag der Konfirmation statt. Wo nicht schon allgemein Kinder zum Abendmahl zugelassen sind, wird zumindest bereits im Verlauf der Konfirmandenzeit Abendmahl gefeiert, sodass die Jugendlichen im Vollzug der Feier mit dem Abendmahl vertraut werden können.

So begrüßenswert diese Entwicklung ist – zwei Herausforderungen sind damit noch nicht bewältigt: Wenn nicht mehr die Sündenvergebung im Mittelpunkt steht, wie wird das Thema „Abendmahl“ dann inhaltlich profiliert? Und wie genau soll die Teilnahme der Konfis am Abendmahl während der Konfirmandenzeit gestaltet werden?

Bei der Frage nach dem inhaltlichen Profil denken viele neuere Vorschläge daran, vor allem den Aspekt der Gemeinschaft hervorzuheben. Jugendliche sehnen sich nach tragfähigen Beziehungen; die Verbindung zur Peer-Group, aber auch zu anderen Menschen ist ihnen wichtig. Wenn der Konfirmandenunterricht gut läuft, können die Jugendlichen auch als Gruppe zusammenfinden. Eine Unterrichtseinheit mit gemeinsamer Abendmahlsfeier, die „Gemeinschaft“ ausdrücklich thematisiert, kann so für alle ein eindrückliches Erlebnis werden. Problematisch ist jedoch, dass der Gemeinschaftsaspekt hierbei alles andere zu überlagern droht, sodass das Mahl des Herrn nun wieder sehr verkürzt wahrgenommen wird – jetzt nicht mehr als besondere Form der Beichte, sondern als besonders tiefe Gemeinschaftserfahrung in der Gruppe. Die übrigen Aspekte des Abendmahls verschwinden dahinter.

Ein weiteres Problem hängt damit zusammen. Es betrifft zugleich die zweite Frage nach der Gestaltung von Abendmahlsfeiern während der Konfirmandenzeit: So richtig es ist, dass es im Abendmahl um Gemein-

---

[38] Vgl. neben den gängigen Unterrichtsmaterialien zum Konfirmandenunterricht auch den Überblick bei Dietmar Gerts, Das Abendmahl in der Konfirmandenarbeit. Ein Rückblick auf 20 Jahre Praxis, in: ku praxis 27 (1990), S. 92-96.

schaft geht, so sehr ist zu beachten, dass hier gerade die Gemeinschaft der *ganzen* Gemeinde erfahrbar werden soll. Der Leib Christi ist größer als die Konfirmandengruppe und die Gemeinschaft am Tisch des Herrn umfasst auch Menschen, die sich sonst eher fremd sind! Abendmahlsfeiern in der Konfirmandenzeit müssten also zumindest Anstöße für eine gemeinsame Feier geben, in der die Jugendlichen Teil der Gemeinde sind – ohne sich fremd oder deplatziert zu fühlen![39]

Die folgende Einheit für den Konfirmandenunterricht möchte den Jugendlichen das Abendmahl in seinem ganzen Reichtum nahe bringen und zu verschiedenen Aspekten existenzielle Bezüge herstellen.[40] Zudem will sie ihnen nicht nur Informationen *über* das Abendmahl vermitteln, sondern ihnen Deutungshilfe geben, um in der anschließenden Feier zu *schmecken und zu sehen, wie freundlich der Herr ist* (Ps 34,9).

Die abschließenden Überlegungen zur Gestaltung von Abendmahlsfeiern geben darüber hinaus Hinweise, wie jugendliche Zugangsweisen und Interessen mit der gemeindlichen Abendmahlspraxis verbunden werden können, damit Jugendliche in die Feier des Abendmahls hineinwachsen und immer tiefer existenzielle Bezüge entdecken können.

3.4 „Gäste an Gottes Tisch“ – eine Unterrichtseinheit zum Thema „Abendmahl“ im Konfirmandenunterricht

Die folgende Unterrichtseinheit entfaltet die starke Symbolkraft und den Reichtum des Abendmahls, indem sie zu jedem der oben genannten acht Aspekte der Abendmahlsfeier einen kurzen Unterrichtsbaustein erläutert.

---

[39] Vgl. zum Ganzen Walter Neidhart, Wie erleben Konfirmanden Gemeinschaft beim Abendmahl? Sozialpsychologische Aspekte der Hinführung von Konfirmanden zum Abendmahl, in: ku praxis 27 (1990), S. 88-91; Klaus Goßmann, Taufe und Abendmahl, S. 285f.

[40] Wir konzentrieren uns also nicht exemplarisch auf *einen* Aspekt (so Klaus Goßmann, Taufe und Abendmahl, S. 284f), sondern erachten gerade die Fülle der Bedeutungen des Abendmahls als didaktische Chance und Herausforderung.

Gut ist es, wenn jeder neue Aspekt für die Konfirmandinnen und Konfirmanden mit einem Ortswechsel verbunden ist, sodass die Jugendlichen sich die unterschiedlichen Aspekte des Abendmahls auf einem Weg durch acht verschiedene Stationen (z.B. acht Tischgruppen) erschließen. Jede Station wird durch eine Überschrift markiert, die sichtbar aushängt. Zudem ist jeder Station ein Symbol zugeordnet, das einen zentralen Gedanken des jeweiligen Aspekts aufgreift und an der entsprechenden Station ausliegt.

Die Konfirmandinnen und Konfirmanden sichern die Ergebnisse jeder Station auf einem Blatt. Sie sammeln diese Blätter in einem extra Schnellhefter und gestalten zum Abschluss ein Titelblatt. So entsteht ein persönliches Abendmahlsheft, das auch äußerlich sichtbar macht, dass die verschiedenen Aspekte des Abendmahls miteinander zusammenhängen, und den Jugendlichen hilft, sich bei den Abendmahlsfeiern im Lauf der Konfirmandenzeit an diese unterschiedlichen Aspekte zu erinnern.

Für jede Station ist eine Arbeitszeit von ca. 20 Minuten vorgesehen. Durch diesen einheitlichen Zeitrhythmus ist es möglich, eine große Gruppe in kleinere Gruppen aufzuteilen, die an jeweils unterschiedlichen Stationen beginnen und so die Stationen versetzt durchlaufen.

In der abschließenden gemeinsamen Abendmahlsfeier der Gruppe klingen dann alle behandelten Aspekte des Abendmahls an.

Station 1: Mahl der Erinnerung
Überschrift: Erinnerung
Symbol: Bibel

Vorgehen: Die Konfirmandinnen und Konfirmanden betrachten das ausliegende Symbol, sie äußern Gedanken dazu und überlegen, wie Überschrift und Symbol zusammenpassen. Anschließend erarbeiten sie sich Mk 14,12-25 mit Hilfe von M1 in Einzelarbeit. Die Lösung wird in der Gruppe besprochen.

Station 2: Mahl der Vergebung
Überschrift: Vergebung
Symbol: zerrissener Schuldschein

Vorgehen: Die Konfirmandinnen und Konfirmanden betrachten das ausliegende Symbol (Vorlage: M2), sie äußern Gedanken dazu und überlegen, wie Überschrift und Symbol zusammenpassen. Sie überlegen anschließend in Einzelarbeit mit Hilfe der Folie M3: Wo habe ich in meinem Leben in der letzten Zeit Mist gebaut? Sie schreiben ihre Gedanken auf kleine Zettel. Der/die Unterrichtende weist zu Beginn darauf hin, dass niemand diese Zettel lesen wird. Der/die Unterrichtende zeigt den Jugendlichen danach Kol 2,14 ebenfalls auf einer Folie (M4). Er deutet den Bibelvers und lädt die Konfirmandinnen und Konfirmanden ein, ihre Zettel in einem Aktenvernichter („Reißwolf") zu vernichten. Um den Symbolgehalt zu erhöhen, kann man den Aktenvernichter vor einen kleinen Tisch stellen, auf dem ein Kreuz steht. Die Aktion wird anschließend gedeutet: So wie die Zettel zerrissen sind, auf denen stand, wo ihr Mist gebaut habt, so macht es auch Gott, wenn wir ihm sagen, was wir falsch

gemacht haben und dass es uns leid tut. Er vergibt uns und zerreißt unseren Schuldschein. Das feiern wir im Abendmahl.
Die Jugendlichen erhalten anschließend M5 und ergänzen die Sätze je für sich in Einzelarbeit. Die Ergänzungen werden nicht vorgelesen.

Station 3: Mahl der Gemeinschaft

Überschrift: Gemeinschaft

Symbol: Kelch

Vorgehen: Die Konfirmandinnen und Konfirmanden betrachten das ausliegende Symbol, sie äußern Gedanken dazu und überlegen, wie Überschrift und Symbol zusammenpassen. Der/die Unterrichtende liest 1. Korinther 10,16-17 vor und gibt einige Hinweise (gemeinsamer Kelch und geteiltes Brot als Symbole der Gemeinschaft). Die Konfirmandinnen und Konfirmanden gestalten in Kleingruppen ein Bild pro Person zum Thema „Gemeinschaft“. Das Bild soll enthalten:

- als Überschrift: Abendmahl – Mahl der Gemeinschaft;
- in der Mitte ein Kelch und ein Brot;
- darum herum: die Namen der Gruppenmitglieder (als Unterschriften); eine gemeinsame Eigenschaft; eine Sache, die bei allen verschieden ist.

Station 4: Dank für die Gaben der Schöpfung

Überschrift: Dank

Symbol: Weizenkörner und Weintrauben

Vorgehen: Die Konfirmandinnen und Konfirmanden betrachten das ausliegende Symbol, sie äußern Gedanken dazu und überlegen, wie Überschrift und Symbol zusammenpassen. Der/die Unterrichtende erläutert die symbolische Bedeutung von Weizenkörnern und Weintrauben: Aus den Körnern wird Brot gemacht, es steht für das Lebensnotwendige, das Gott uns schenkt. Aus den Trauben wird Wein gemacht. Er steht für das, was über das Notwendige hinausgeht, für Lebensfreude und Genuss. Auch das schenkt uns Gott.

Die Jugendlichen überlegen in Zweiergesprächen Beispiele aus ihrem Leben für Lebensnotwendiges und für Genuss und nennen diese im Plenum. Anschließend schreiben sie in Einzelarbeit ein kurzes Dankgebet für das Lebensnotwendige und für das, was sie darüber hinaus in ihrem Leben haben und ihnen Freude macht.

Station 5: Mahl der Solidarität

Überschrift: Solidarität

Symbol: Fladenbrot, in der Mitte geteilt

Vorgehen: Die Konfirmandinnen und Konfirmanden betrachten das ausliegende Symbol, sie äußern Gedanken dazu und überlegen, wie Überschrift und Symbol zusammenpassen. Der/die Unterrichtende erzählt an Hand von M6 über die Situation beim Abendmahl in Korinth (nach 1. Kor 11).

In kleinen Gruppen überlegen die Jugendlichen anschließend, wo sie teilen können und tauschen sich im Plenum darüber aus. Danach informieren sie sich über das Projekt „TransFair-Schokolade“ (durch Internetrecherche oder mit Hilfe von mitgebrachten Informationsmaterialien, die z.B. im Weltladen erhältlich sind) und sichern Ergebnisse auf einem Blatt für ihre Sammlung (Leitfrage: Was war für mich besonders interessant?). Abschließend testen sie TransFair-Schokolade und probieren, ob sie schmeckt.

Station 6: Fest der Auferstehung

Überschrift: Leben

Symbol: Herz

Vorgehen: Die Konfirmandinnen und Konfirmanden betrachten das ausliegende Symbol, sie äußern Gedanken dazu und überlegen, wie Überschrift und Symbol zusammenpassen. Sie erhalten in Kleingruppen ein DIN A4-Blatt mit der Aufschrift „Brannte es nicht wie Feuer in unseren Herzen?“ und überlegen: Wer könnte das wann sagen? Sie schreiben ihre Ideen auf das Blatt. Die Konfirmandinnen und Konfirmanden lesen danach im Plenum die Emmausgeschichte (LK 24,13-35, Übersetzung Gute Nachricht Bibel). Sie zeichnen auf M7 drei Bilder im Comic-Stil zu der Geschichte. Sie achten dabei besonders auf die Farben, die sie verwenden, sowie auf Gesichtsausdruck und Körperhaltung der Personen.
Der/die Unterrichtende weist abschließend darauf hin, dass wir im Abendmahl die Begegnung mit dem lebendigen, auferstandenen Jesus feiern und manchmal die Erfahrung machen dürfen, dass unser Herz dabei berührt wird.

Station 7: Stärkung auf dem Weg

Überschrift: Stärkung

Symbol: Rucksack

Vorgehen: Die Konfirmandinnen und Konfirmanden betrachten das ausliegende Symbol, sie äußern Gedanken dazu und überlegen, wie Überschrift und Symbol zusammenpassen. Sie zeichnen in Einzelarbeit ihren eigenen Lebensweg (vgl. M8, evtl. auf DIN A4 Querformat vergrößern) und tragen wichtige Stationen ein (Höhen und Tiefen, z.B.: Einschulung, das erste Mal verliebt...). Anschließend überlegen sie für sich: Wo habe ich auf meinem Lebensweg Stärkung und Unterstützung gebraucht, wo habe ich sie tatsächlich erfahren; von wem (z.B. Eltern, Freunde, Gott)? Dies tragen sie auf ihrem Lebensweg ein („+": ich habe Unterstützung erfahren [von wem?]; „-": ich habe keine Unterstützung erfahren). Der/die Unterrichtende erläutert, dass das Abendmahl eine Stärkung für den Lebensweg ist, weil wir glauben, dass Gott uns darin neue Kraft schenkt. Die Jugendlichen zeichnen auf ihren Lebensweg ein Brot und einen Kelch als Symbole für die Stärkung, die wir im Abendmahl erfahren.

Station 8: Vorgeschmack auf das Reich Gottes

Überschrift: Hoffnung

Symbol: Friedenstaube

Vorgehen: Die Konfirmandinnen und Konfirmanden betrachten das ausliegende Symbol, sie äußern Gedanken dazu und überlegen, wie Überschrift und Symbol zusammenpassen. Sie hören von Cassandra Steen

„Stadt“[41] und überlegen in kleinen Gruppen: Was ist das Besondere an ihrer Traumstadt? Wie sieht meine Traumstadt aus? Danach zeichnen sie in Einzelarbeit ein CD-Cover von ihrer eigenen Traumstadt unter der Arbeitsanleitung: Wie würde ein CD-Cover aussehen, wenn ich die Vorstellung von meiner Traumstadt musikalisch auf CD aufnehmen würde? Welches Cover würde zu meiner Vorstellung von einer Traumstadt passen?
Der/die Unterrichtende weist darauf hin, dass wir im Abendmahl jetzt schon feiern, was wir glauben, was einmal sein wird: Zusammenleben mit Gott, in seiner Traumstadt, in seiner Vorstellung von einer neuen Welt, in biblischer Sprache: vom Reich Gottes. Als Beispiel für diese neue Welt Gottes liest der/die Unterrichtende abschließend Micha 4,1-4 (Gute Nachricht Bibel) vor.

Abschluss: Abendmahlsfeier in der Gruppe

Nachdem die Konfirmandinnen und Konfirmanden ein Titelblatt für ihr Abendmahlsheft gestaltet haben, feiern sie zum Abschluss gemeinsam Abendmahl. In der Liturgie sollen alle besprochenen Aspekte vorkommen. M9 gibt hierzu Anregungen.

Erfahrungen mit der Unterrichtseinheit aus der Praxis

Wir haben die Erfahrung gemacht, dass die Konfirmandinnen und Konfirmanden für das Thema „Abendmahl“ sehr offen sind und sich durchaus dafür interessieren. V.a. in traditionell geprägten Gemeinden ist auch bei den Jugendlichen noch sehr stark die Vorstellung vom Abendmahl als „Beichte, bei der es etwas zu essen gibt“ vorherrschend. Die Vielfalt

---

[41] CD: Cassandra Steen feat. Adel Tawil, Stadt, auf: Cassandra Steen, Darum leben wir, 2009.

der Abendmahlsaspekte ist hier für die Konfirmandinnen und Konfirmanden überraschend, vielfach befreiend. Sie spüren, dass das Abendmahl keine triste Veranstaltung ist, sondern ein tiefgründiges, fröhliches Fest. Die Abendmahlsfeier in der Gruppe, der Umgang mit den Elementen und den Abendmahlsgeräten sowie die Beschäftigung mit den vielfältigen Aspekten führen dazu, dass die Unsicherheit deutlich geringer ist, wenn die Jugendlichen zum ersten Mal an der Abendmahlsfeier im Gemeindegottesdienst teilnehmen.

3.5 Abendmahl mit Konfirmandinnen und Konfirmanden im Gemeindegottesdienst – Überlegungen zur Gestaltung

Die vorgestellte Unterrichtseinheit zum Thema Abendmahl schließt mit einer Abendmahlsfeier in der Konfirmandengruppe. So wichtig und sinnvoll solche internen Abendmahlsfeiern sind, so wichtig ist es, die Feier des Abendmahls in der Konfirmandenzeit nicht darauf zu beschränken.[42] Die abschließenden Hinweise geben daher Impulse für die Teilnahme von Konfirmandinnen und Konfirmanden am Gemeindegottesdienst mit Abendmahl.

- *Konfirmandinnen und Konfirmanden frühzeitig zum Abendmahl einladen:*

  Konfirmandinnen und Konfirmanden sollten frühzeitig am Abendmahl teilnehmen können. Ideal ist es, wenn sie bereits als Kinder in der Gemeinde Abendmahl feiern können. Wo das nicht möglich ist, sollten sich die Jugendlichen zumindest gleich zu Beginn der Konfirmandenzeit mit dem Thema „Abendmahl" beschäftigen und dann auch zur Feier im Gemeindegottesdienst eingeladen sein. Nur so können die

---

[42] Vgl. oben, 3.3.

Jugendlichen das Feiern in einem guten Sinn einüben und damit vertraut werden. Zudem haben sie so die Möglichkeit, unterschiedlich geprägte Abendmahlsfeiern im Kirchenjahr mitzuerleben und damit auch unterschiedliche existenzielle Bezüge herzustellen.

- *Konfirmandinnen und Konfirmanden gut auf die erste Abendmahlsfeier im Gemeindegottesdienst vorbereiten:*
  Gerade wenn Erfahrungen mit der Feier des Abendmahls in der Kindheit fehlen, ist die Unsicherheit bei den Konfirmandinnen und Konfirmanden vor der ersten Abendmahlsfeier im Gemeindegottesdienst groß. Deshalb ist eine gute Vorbereitung wichtig. Um sicher zu werden, müssen die Jugendlichen genau wissen, was wann geschieht und welches Verhalten üblich ist. Am besten wird die Abendmahlsfeier im Konfirmandenunterricht einmal regelrecht geübt. Dazu gehört auch, dass die Konfirmandinnen und Konfirmanden die Möglichkeit haben, die Abendmahlsgesänge kennenzulernen und sie im Gesangbuch aufzufinden.

- *Peinliche Situationen vermeiden:*
  Auf keinen Fall sollten die Jugendlichen in eine Situation gebracht werden, in der sie bei ihrer ersten Abendmahlsteilnahme unter besonderer Beobachtung stehen. Deshalb ist es nicht ratsam, dass die Konfirmandengruppe geschlossen als erstes zur Austeilung nach vorn kommt. Besser ist es, wenn die Jugendlichen sich auf die unterschiedlichen Gruppen verteilen oder – wenn eine geschlossene Konfirmandengruppe gewünscht wird – als letzte Gruppe nach vorn kommen. Dann haben die Jugendlichen die Möglichkeit, den Ablauf noch einmal zu beobachten, bevor sie selbst teilnehmen.

- *Begegnungen zwischen Konfirmandinnen und Konfirmanden und anderen Gemeindegliedern ermöglichen:*
  Peinliche Momente können auch dadurch reduziert werden, dass Konfirmandinnen und Konfirmanden sowie Gottesdienstgemeinde sich persönlich kennen. Das ist in der Regel nicht automatisch der Fall, kann aber im Konfirmandenunterricht, z.B. beim Thema „Gemeinde“, oder durch die Bildung von Patengruppen (ein Gemeindeglied übernimmt während der Konfirmandenzeit die Patenschaft für einige Konfirmandinnen und Konfirmanden und ist Ansprechpartner für die Jugendlichen) gezielt ermöglicht werden. Dadurch können sich die Jugendlichen im Abendmahlsgottesdienst vertrauter fühlen. Zugleich wird die Gemeinschaft in der Abendmahlsfeier intensiver erfahrbar, weil sie mit konkreten Alltagserfahrungen verbunden ist.

- *Konfirmandinnen und Konfirmanden in die Vorbereitung der Abendmahlsfeier mit einbeziehen:*
  Werden Konfirmandinnen und Konfirmanden in die Vorbereitung der Abendmahlsfeier mit einbezogen, kann das ebenfalls den Zugang zur Feier selbst erleichtern. Die Jugendlichen können sowohl in liturgische Vorbereitungen (Liedauswahl, Auswahl oder Formulierung von Gebeten etc.) als auch in organisatorische Vorbereitungen (Einkauf und Richten von Brot und Wein, Schmücken des Altars etc.) mit einbezogen werden.

- *Die unterschiedlichen Aspekte des Abendmahls in der Feier zum Tragen bringen:*
  Die Konfirmandinnen und Konfirmanden lernen im Konfirmandenunterricht, dass das Abendmahl ein vielschichtiges fröhliches Fest mit unterschiedlichen Bedeutungsnuancen ist. Es wirkt ausgesprochen

merkwürdig auf sie, wenn sie diese unterschiedlichen Aspekte in der konkreten Abendmahlsfeier im Gemeindegottesdienst nicht wiedererkennen. Daher sollte die konkrete Abendmahlspraxis in der Gemeinde nicht ausschließlich auf *einen* Aspekt wie z.B. die Sündenvergebung fokussiert sein; das Kirchenjahr bietet reiche Möglichkeiten zu unterschiedlicher Fokussierung.

M 1

Abendmahl: Mahl der Erinnerung

Wenn wir Abendmahl feiern, dann erinnern wir uns an das letzte Abendessen Jesu mit seinen Freunden. In dem folgenden Text erfährst du, was damals geschehen ist.

Am Abend vor seinem Tod feiert Jesus mit seinen Jüngern das Passahfest. Dieses Fest erinnert sie an den ______________ des Volkes Israel aus Ägypten. Es ist deshalb ein sehr wichtiges Fest im Bund zwischen Gott und seinem Volk ___________ .
In dem Raum, in dem Jesus mit seinen Jüngern feiert, ist alles vorbereitet: Auf dem Tisch stehen Brot und Wein, das Passah-Lamm ist zubereitet, sie haben besondere Kräuter für das Fest. Jesus und seine Jünger liegen auf Kissen am _______________ , sie unterhalten sich, während sie essen und trinken.
Aber die Stimmung bei diesem Fest ist anders als sonst, nicht so ausgelassen und fröhlich. Jesus weiß: Das ist mein letztes Passahfest. Er weiß: Einer von meinen Jüngern wird mich an die Römer verraten und diese werden mich dann gefangen nehmen.
Wie es Brauch ist, nimmt Jesus Brot und Wein um Segensworte darüber zu sprechen – aber seine Worte sind anders als sonst bei diesem Fest. Er nimmt das ___________ , dankt Gott dafür, teilt es und gibt seinen Jüngern davon: „Nehmt und esst! Das ist mein Leib, der für euch gegeben wird." Damit weist er auf seinen Tod hin: Wie er das Brot gebrochen hat, so wird auch sein Leib zerbrochen werden, wenn er am Kreuz stirbt.
Dann nimmt Jesus den Becher mit ___________ , dankt Gott noch einmal und gibt ihn seinen Jüngern. „Nehmt und trinkt alle daraus! Dieser Kelch ist der neue Bund in meinem Blut, das für euch vergossen wird zur Vergebung der Sünden. Solches tut, sooft ihr es trinkt, zu meinem Gedächtnis!" Damit meint er: Wie der Wein, so wird auch sein ___________ vergossen. Durch seinen Tod am Kreuz gründet er einen ___________________ zwischen Gott und allen Menschen: Wer an Jesus glaubt und Gott um Vergebung bittet, dem werden die Sünden vergeben.
Wenn wir Abendmahl feiern, dann erinnern wir uns an diese Worte Jesu.

Auszug – Blut – Brot – Israel – neuen Bund – Tisch – Wein

Aufgabe:

Lies den Lückentext! Setze die fehlenden Worte ein – du findest die fehlenden Worte unter dem Text.
Beantworte anschließend die folgenden Fragen:

1. Woran erinnert das Passahfest?
2. Was ist beim Passahfest, das Jesus mit seinen Jüngern feiert, anders als sonst?
3. Was bedeutet es, dass Jesus sagt: „Das ist mein Leib, der für euch gegeben wird“?
4. Was bedeuten Jesu Worte „Dieser Kelch ist der neue Bund in meinem Blut, das für euch vergossen wird zur Vergebung der Sünden“?

M 2

M 3

Mist gebaut…

…ich habe einen anderen Menschen betrogen.

…ich habe meine Eltern geärgert.

…ich habe meine/n Freund/in enttäuscht.

…ich habe mich in der Schule nicht korrekt verhalten.

…ich habe gelogen.

…ich habe etwas getan, was einen anderen Menschen traurig gemacht hat.

M 4

Jesus hat den Schuldschein, der uns wegen unserer Schuld belastet hat, ungültig gemacht. Er hat ihn am Kreuz zerrissen und damit ein- für allemal beseitigt.

(nach Kolosser 2,14)

M 5

Jesus hat den Schuldschein, der uns wegen unserer Schuld belastet hat, ungültig gemacht. Er hat ihn am Kreuz zerrissen und damit ein- für allemal beseitigt.

(nach Kolosser 2,14)

Aufzuschreiben, wo ich Mist gebaut habe, fand ich:

....

....

Den Schuldschein zu vernichten fand ich:

....

....

Hinterher ging es mir:

....

....

M 6

Leiter-Erzählung: Paulus in Korinth

Das Brot, das hier auf dem Tisch liegt, erinnert uns an das Thema „Teilen“. Wenn man das Brot bricht und in Stücke teilt, können mehrere Menschen davon satt werden. Genau das passiert auch beim Abendmahl. Beim Abendmahl geht es auch ums Teilen. Das war schon in der Bibel so!

Paulus schreibt in der Bibel an die Gemeinde in Korinth: Abendmahl und Teilen – das gehört zusammen. Ihr könnt nicht Abendmahl feiern und trotzdem nur jeder an sich denken.
In der Gemeinde in Korinth war es nämlich so: Die Christen dort haben jeden Abend gemeinsam zu Abend gegessen und dabei auch Abendmahl gefeiert. Es gab reiche Menschen in der Gemeinde. Sie hatten viel Geld und viele Angestellte und mussten deshalb nicht den ganzen Tag arbeiten. Sie trafen sich schon nachmittags und fingen schon einmal an zu essen. Die Armen in der Gemeinde mussten dagegen bis spät abends arbeiten und kamen erst später dazu. Da hatten die Reichen schon fast alles aufgegessen und für die Armen war nichts mehr übrig. Als dann alle zusammen Abendmahl gefeiert haben, waren die einen – nämlich die Reichen – schon satt. Den anderen – nämlich den Armen – knurrte noch der Magen.

Paulus schreibt den Christen in Korinth: So hat das Abendmahl keinen Sinn. Wenn ihr Brot und Wein miteinander teilt, dann müsst ihr auch alles andere teilen. Euer Essen, euer Trinken und euer Geld.

Was Paulus schreibt, gilt auch heute noch: Abendmahl feiern und teilen gehört zusammen. Deshalb gibt es bei Christen immer wieder Projekte und Aktionen, die mit Teilen und mit Gerechtigkeit zu tun haben. Christen setzen sich dafür ein, dass alle auf der Welt genug zum Leben haben.

M 7

Die Begegnung mit dem auferstandenen Jesus

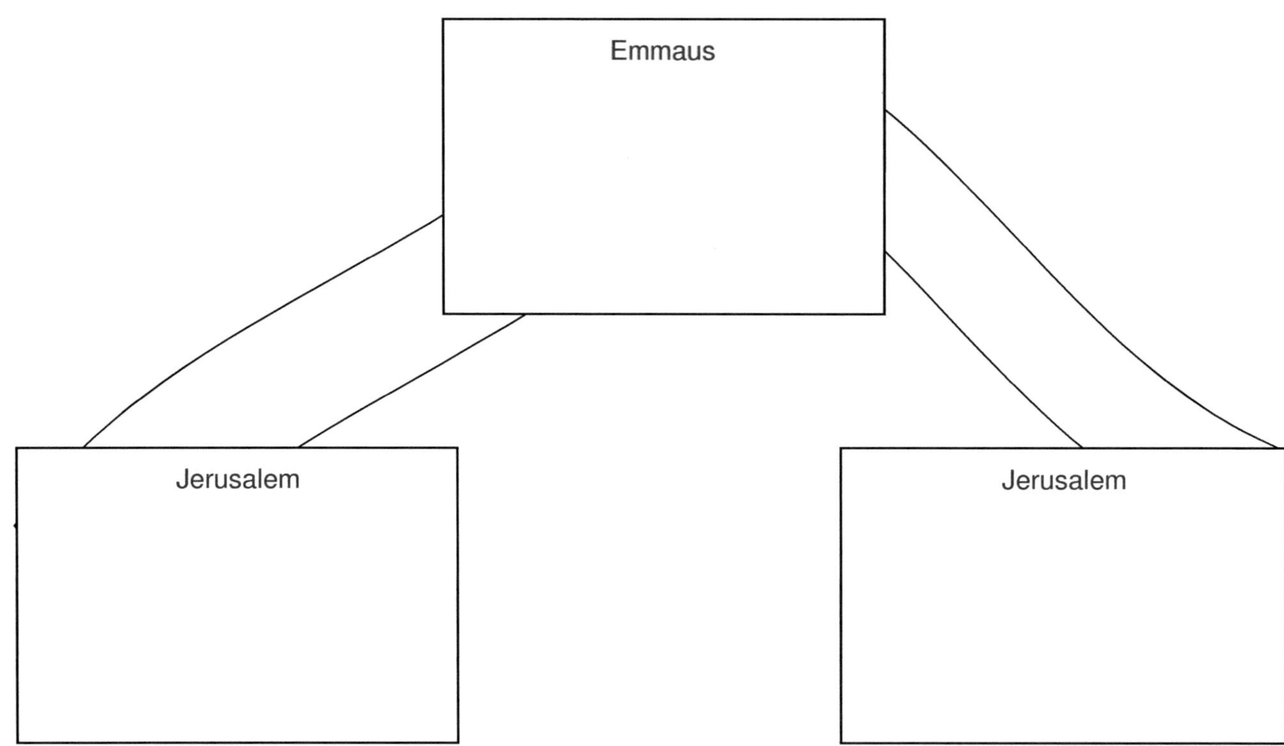

M 8

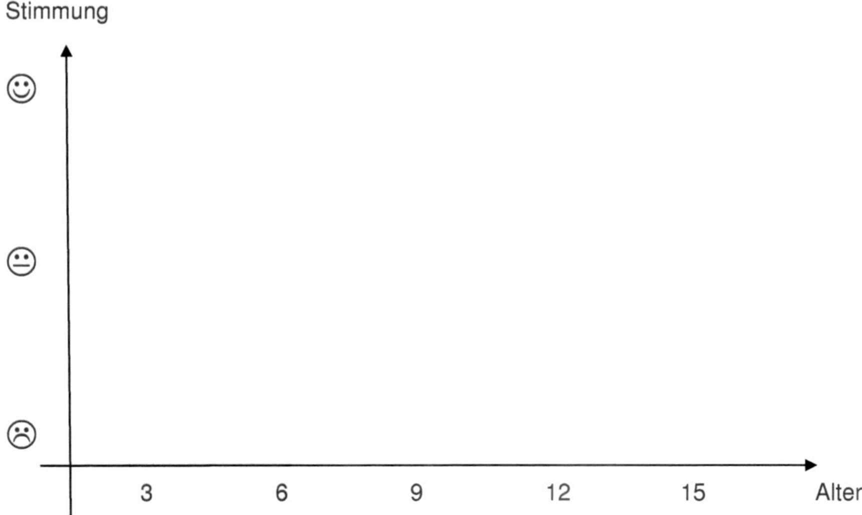

M 9

Abendmahlsfeier in der Gruppe

Stuhlkreis, gestaltete Mitte

Begrüßung

Lied: Komm, sag es allen weiter (EG 225)

Gebet

Lesung: Lk 19,1-10

Bußgebet mit Gebetsstille und Vergebungszusage *(→ Mahl der Vergebung)*

Lied: Jesus, zu dir kann ich so kommen, wie ich bin[43]

Fürbitten: Anliegen sammeln, gemeinsam in der Stille beten *(→ Mahl der Solidarität)*

Lied: Seht wir bringen Brot und Wein[44], mit einleitenden Worten *(→ Vorgeschmack auf das Reich Gottes; → Fest der Auferstehung)*, dabei Fladenbrot und Kelch mit Wein in die Mitte stellen

Dankgebet *(→ Dank für die Gaben der Schöpfung)*

Einsetzungsworte mit Einleitung *(→ Mahl der Erinnerung)*

Austeilung: Brot und Kelch im Kreis weitergeben *(→ Mahl der Gemeinschaft)*

Lied: Bewahre uns Gott (EG 171), mit einleitenden Worten *(→Stärkung auf dem Weg)*

Segen

---

[43] „Feiert Jesus“, Nr. 82.

[44] „QuerBeet 1“, Nr. 32.

Printed by Books on Demand GmbH, Norderstedt / Germany